元明清蒙古族漢文創作敘録及散存作品輯録

多洛肯 等／輯校

上

上海古籍出版社

圖書在版編目(CIP)數據

元明清蒙古族漢文創作敘録及散存作品輯録 / 多洛肯等輯校. —上海：上海古籍出版社，2022.10
ISBN 978-7-5732-0389-2

Ⅰ.①元… Ⅱ.①多… Ⅲ.①蒙古族－作家－列傳－中國－元代－清代②蒙古族－少數民族文學－作品綜合集－中國－元代－清代 Ⅳ.①K825.6②I291.2

中國版本圖書館 CIP 數據核字(2022)第 143986 號

元明清蒙古族漢文創作敘録及散存作品輯録
（全二册）

多洛肯　姚麗娟　李連旭　　輯校
路鳳華　侯　彪　楊　韜

上海古籍出版社出版發行

（上海市閔行區號景路 159 弄 1-5 號 A 座 5F　郵政編碼 201101）
（1）網址：www.guji.com.cn
（2）E-mail：guji1@guji.com.cn
（3）易文網網址：www.ewen.co
上海商務聯西印刷有限公司印刷

開本 890×1240　1/32　印張 22.25　插頁 7　字數 557,000
2022 年 10 月第 1 版　2022 年 10 月第 1 次印刷
ISBN 978-7-5732-0389-2
I・3639　定價：118.00 元
如有質量問題，請與承印公司聯繫

國家社會科學基金重大項目"元明清蒙漢文學交融文獻整理與研究"
（項目編號：16ZDA176）成果之一

國家民委創新團隊"中華文學遺產與中華民族共同體內涵建設"
資助項目【民委發（2020）76號】

西北民族大學2022年中央高校基本科研業務費項目
"中華多民族交融視野下的文學遺產研究"
（項目編號：31920220008）

西北民族大學"中國語言文學"甘肅省一流特色發展學科建設經費資助

西北少數民族文學研究中心系列成果

前　　言

　　蒙古族是世居我國北部邊疆地區的少數民族之一，蒙古族所聚集的塞北草原地區是我國遊牧民族文化的重要發祥地之一。由於特殊的生存地理位置和自然資源環境，蒙古族有着悠久的歷史和燦爛的文化。在歷史發展過程中，蒙古族成爲我國北部邊疆地區較早接受並發展漢文化的少數民族之一。這支遊牧民族一方面保持和發揚本民族傳統文化，同時又善於學習和吸收其他民族文化的精華，尤其是漢民族文化。蒙古族漢文創作就是在蒙古族與漢族文化交流中形成的一種蒙古族文人用漢語進行文學創作的現象，是蒙古族文人深受漢文化影響的結果，更是蒙漢文化交流的結果，是學習與吸收漢族文化以及與漢族文化交流的一種最典型的表現形式。這正證明了"民族之間的文學與文化影響，是一種促進歷史發展的進步力量"[①]。在獨特的社會文化土壤中，特別是元代建立後，產生了諸多用漢語創作詩文的文人，也因此積累了豐富厚重的文學成果，形成了一定的創作風貌。

　　元朝時期，蒙古族統治者入主中原後促進了蒙漢文化交流，也給蒙古族學習漢文提供了便利條件，在這種特定的文化背景下出現了一大批用漢文創作的蒙古族文人，掀開了蒙古族漢文創作的帷幕。

[①] 扎拉嘎《比較文學：文學平行本質的比較研究——清代蒙漢文學關係論稿》，呼和浩特：內蒙古教育出版社，2002年版，第285頁。

蒙古民族性格素來豪放不羈，元朝統治者更是對各民族文化採取了相容並包的態度，吸收其養分。明代，蒙古汗廷北遷後，仍有一些蒙古族留在中原。這些蒙古族在中原地區生活，受到漢文化影響，用漢文創作了不少優秀的作品。雖然數量不及元代，但是蒙古族漢語詩文創作也没有停滯不前。直到清朝時期，蒙古族處在統一的多民族國家之中，社會經濟的發展和安定的社會環境更加促進了蒙古族文化與漢民族文化的交流與發展。"蒙古貴族作爲清朝統治中國的臂膀"[①]，同滿族貴族一起接受漢族傳統文化的薰陶，有不少人學習漢族的文學形式，用漢文寫詩撰文。在蒙古族漢文詩發展過程中，政治變革、文化傳播與交流，以及漢族文化浸染的深入，都是促進蒙古族漢文詩文發展的主要因素。

一、蒙古族漢文創作産生的文化生態背景

元代是中國歷史上一個十分特殊的朝代，中原文明圈的凝聚力與少數民族地區的開放性相互作用，形成了"内聚外活"的文化結構。因此，元代文學也呈現出極富時代性與交融性的文化特徵，各種文體的創作都呈現出了不同於其他朝代的創作風貌。中原文化的主體性與邊疆地區少數民族的邊緣性活力碰撞，加之元代特殊的文化政策，造就了元王朝一代之文學——元雜劇。受到少數民族文化原始性、流動性的影響，以散文爲代表的其他文體也萌生了開闢新的創作軌跡的可能，形成了一種"有偏斜度的超越"。

有元一代，忽必烈"天下一家"的政治思想消除了民族對立的藩籬，民族文化交融得到了空前的發展。同時，作爲統治階級的蒙古族人，十分重視漢文學習，多措並舉，這爲元代北方少數民族的文學創

[①] 榮蘇赫、趙永銑主編《蒙古族文學史》（第一卷），呼和浩特：内蒙古人民出版社，2000年版，第6頁。

作提供了良好的政治、文化氛圍。在此背景下，隨着文獻檢索工作的展開，輔以細緻的價值探究和考察，元代蒙古族文人隊伍的創作有着鮮明的個性特徵，具有相當的研究價值。元朝是我國歷史上第一個由少數民族建立的大一統封建王朝，蒙古族作爲統治民族，創作必然會受到當時的社會政治、經濟、文化等多方面的影響。而當時的社會政治、經濟、文化等與統治民族有着千絲萬縷的聯繫。元代文化精神的最大特點是"大"：氣象宏大、大氣包容、大而疏略，查洪德稱爲"大元氣象"。雖然元代存在多元文化衝突，但總體上是和諧的。在元代獨特的文化精神背景下，蒙古族文人們形成了有別於前代的人生價值觀，也獲得了歷代中國文人從來沒有過的思想和創作自由，以及觀察認識問題的多元視角。蒙古族統治者在意識形態方面的弱化，使得元代社會在思維和行爲方面顯現出很多與其他朝代不同的特點，從而也導致了元代文人思想和創作的多元化。

　　元朝時期蒙古族文人有了更多學習漢語的機會，他們不僅用自己的民族語言寫詩作文，也進行漢語詩文創作，因此留下了大量的漢文文學作品。到了明朝，留在中原的蒙古族人大部分都有較高的漢語水準，許多人能詩善文。有明一代，很多蒙古族文人一直都沒有停止漢文創作，他們用自己的視角記錄和書寫着明朝社會的方方面面。這些蒙古族在明朝和北元的夾縫中生活，當初留下來，或是因爲軍事原因，或是因爲政治原因，亦或是因爲已經扎根於中原。

　　明朝時期，蒙古族文人的漢文創作主要產生在明朝轄區，文人數量較之元朝和清朝少了很多。漢文創作走入低谷，緣於明朝與北元的長時期對峙，這直接阻礙了民族間的正常交流。在北元，與明廷的戰爭、封建割據勢力之間的戰爭持續不斷，已失去了以往在中央集權制下發展文化教育、造就人才的有利條件。而留在明朝轄區內的蒙古族人，"洪武初，伴隨着明軍對北元的征討，明廷對蒙古實施了懷柔與強迫同化並舉、以强迫同化爲主的民族壓迫政策"。① 這些蒙古族人或主動或被動地接受了漢文化的影響和薰陶。這些蒙古族文人大多分佈在中原地區，主要集中在山東、北京、甘肅。山東地區是儒家文化的中心；北京地區又是明朝的國都，是政治、文化中心；甘肅地區是中原和邊塞經濟、文化交流中心。生活在這些地區的蒙古族文人，深受漢族文化特別是儒家文化的影響，能詩善文的不乏少數，做官考取功名的也大有人在，其中一些蒙古族文人留下了很多漢語詩文作品。

清朝自順治元年(1644)定鼎中原，爲了在如此廣袤的大地上建立穩固的統治，全面實行漢化政策。"從17世紀末到18世紀，是大清帝國的全盛時期。康熙、雍正、乾隆三帝先後統馭華夏，以他們的雄才大略勵精圖治，拓疆域、固邦土、興文教，使天下晏然，四海昇平。尊崇儒術、設學開科、研經修史、廣刊典籍作爲這一時期重要的文化活動，取得了舉世矚目的成就。"②較之元代和明代，清代蒙古族文人不僅在漢文創作上有了長足的發展，而且文人隊伍也有雄厚的實力，各類漢語文學創作的數量遠勝於元代和明代。清朝漢語詩文創作之所以如此繁榮，受到很多因素的影響。其中，"國家的統一和長時期的穩定成爲清代文化教育事業超越前代的基礎，而整個國家的社會歷史大環境和時代風氣對這一時期蒙古作家的漢文創作的大量出現起了重要作用。除此帶有根本性的原因外，部落的遷徙、人口的流動，以及清廷厲行官吏銓選，科舉取士制度等等也都構成了促使蒙古人習用漢文漢語，進而秉筆揮毫的客觀因素"。③

---

① 白·特木爾巴根《論古代蒙古族作家漢文創作的社會歷史背景》，《內蒙古師大學報》(哲學社會科學版)，1999年第6期。
② 白·特木爾巴根《論古代蒙古族作家漢文創作的社會歷史背景》，《內蒙古師大學報》(哲學社會科學版)，1999年第6期。
③ 白·特木爾巴根《論古代蒙古族作家漢文創作的社會歷史背景》，《內蒙古師大學報》(哲學社會科學版)，1999年第6期。

在清代，尤其清代中葉後，蒙古族漢文詩詞發展到了更高的藝術境界。"清代漢文創作的大量出現，是蒙古族作家在繼承傳統文化的基礎上，學習和吸收具有悠久歷史傳統的漢族文學的結果，是數百年來蒙漢文化交流的直接產物。"① 而就蒙古族漢文創作而言，"由於元代掀起了第一次蒙漢文化交流的高潮，所以出現了大批蒙古族的漢文作者及其作品，並且這一傳統儘管在明代由於社會歷史等原因曾一度冷落，但從清以後高潮再起，並一直延續至今。"②

元明清蒙古族漢語詩文的繁盛，離不開這一時期多民族文化交融下文學的雙向互動。少數民族接受漢文化的長期薰陶，並與漢族儒士交遊來往，從中汲取漢文化的優秀成果；漢族文人亦從少數民族文化中領略異域風情、提取新奇的異域元素用於創作之中，兩者在交流互補中競相發展，擴展了雙方文學創作的空間，構成了統一的中國文學多維有機整體。這不僅推動了中原文化向北擴展及傳播，促進了民族文化的交流與融合，更對後世民族的文化發展產生了深遠的影響。通過研究元明清蒙古族文學的交流發展，可以更好地認識和把握祖國各民族所共同創造的中華民族文學的豐富性與多樣性，可以進一步加強民族團結，樹立民族自信心，並為科學認識"中華民族共同體意識"提供有說服力的實證材料。因此，在中華各民族文學交融和構建民族共同體的視域下，研究元明清蒙古族漢文詩文具有一定的時代價值。

二、蒙古族漢文詩文創作概貌

蒙古族自大蒙古國時期，便開始積極學習漢文化，只不過在草原

---

① 白·特木爾巴根《古代蒙古作家漢文創作考》，呼和浩特：內蒙古教育出版社，2002年版，第48頁。
② 雲峰《蒙漢文化交流側面觀——蒙古族漢文創作史》，天津：天津古籍出版社，1992年版，第1頁。

本位思想的影響下，對於漢文化的瞭解並不深刻。到了世祖時期，金蓮川幕府文人群體及後來大都文人圈逐漸形成，許多儒士儒生進入了蒙古統治者的視線，自此蒙古族統治者開始深入瞭解漢文化。隨着文化交融的深入，元代社會環境寬鬆、言論自由的特徵顯現出來，"儒、釋、道"等各種思想相繼迸發，對蒙古族文人們的創作起到了思想引領的作用。再加之元代重讀書、喜藏書、興刻書的社會風氣日益濃厚，成爲了蒙古族文人創作的內在推力。由體裁上來看，首先較爲突出的是館閣文人爲政務所作的文章。這類文章一般托名皇帝，《全元文》就收錄了署名忽必烈的文章 386 篇，這應是蒙古族文人較早接觸漢文創作的行動。據編者考察，元代蒙古族文人有漢文詩作散存於世的共 58 位，其中既包括元世祖忽必烈、文宗圖帖睦爾、順帝妥懽帖木兒、丞相伯顏、梁王巴匝拉瓦爾密等蒙古族上層統治者，又包括如凝香兒此類官妓身份的文人，大部分的文人依舊是以官吏身份活動在元代社會中，並進行文學創作。隨着文學交融的深入，許許多多蒙古人開始嘗試漢文創作，並不斷完善創作技巧。伯顏《奉使收江南》："劍指青山山欲裂，馬飲長江江欲竭。精兵百萬下江南，干戈不染生靈血。"從創作手法和氣勢來看，詩文中飽含蒙古族民族性格特徵——豪邁雄渾，真情實性。這類民族性格特徵貫穿了元代蒙古族文人創作的整個時期，並在各類體裁中顯現出來。

　　據現有資料的考證，明代蒙古族文人有漢文作品存世的共 13 位。這 13 位文人包括 11 位男性文人和 2 位女性文人，而且還包含一個文學家族——蘇氏家族。蘇氏家族涉及 7 位文人，分別是蘇祐、蘇濂、蘇澹、蘇潢、蘇本、蘇光泰和蘇壯，這 7 位文人是蘇克明的後代。蘇氏家族從蘇祐開始之後到第九世蘇壯皆有詩文，僅一個家族就留下了 8 部詩文別集。除別集之外，還有大量的散存作品，其詩詞文收錄在明清各大選集、總集中。詩歌體裁完備，題材較廣，從亭臺樓閣到自然山水，從田園風光到關山塞漠，從寄贈抒懷到交遊唱和，從詠史懷古到借物抒懷，種類之豐富，風格之多樣，可謂是明朝文學中不可忽視的一部分。這一時期，蒙古族文人詩文創作最突出的特點就是缺少民族特點。

清朝蒙古族文人創作進入繁榮期，有124位蒙古族文人有漢語詩文作品存世。這些蒙古族在多民族不斷交流互動中，不論貴族還是民衆，從物質生活到文化精神，均受到漢族影響，他們説漢語，讀漢書，習漢字，寫漢文，吟漢詩。隨着漢文化水準的提高，他們之中的蒙古族成員，與漢族文人士大夫交往酬唱，進行相關的文藝創作活動，並取得很高文學成就，如法式善、夢麟、博明、和瑛、松筠、延清、梁承光、恭釗、博卿額、文孚、恩麟、尹湛納希、桂茂等等。他們大多運用漢語進行詩文創作，漸漸形成自己的民族文學藝術風格，並形成文學家族。到目前爲止，根據可靠文獻資料確定下來的清代蒙古族文學家族，據統計有17家，他們分别是和瑛家族、博卿額家族、法式善家族、倭仁家族、柏葰家族、尹湛納希家族、延清家族、恭釗家族、梁承光家族、瑞常家族、錫縝家族、富俊家族、恩華家族、那遜蘭保家族、托渾布家族、成堃家族、貢桑諾爾布家族，相關家族成員共45人。清代蒙古族文人用漢文創作出了較元代更多更好的，具有一定民族特色和較高藝術水準的詩歌作品。蒙古族特有的文化心理、傳統生活卻深深地影響着他們，使其作品在思想内容、藝術特色、審美取向、表現手法等方面都具有鮮明的蒙古族藝術特色。此外，清代的漢文創作較之元代，與蒙文創作的聯繫更爲密切。他們大都久居内地，不諳蒙語，但作品仍然不同程度地與蒙古的生活和文化保持着聯繫。這些漢文創作形象地反映了清代蒙古社會的歷史、文化、宗教、民俗等風貌，其内容之豐富，題材之廣泛，是元明不可比擬的。清代漢文創作的體裁十分廣泛，其中占相當比重的應屬詩歌，其次爲散文。可以説幾乎包括了文學創作的全部體裁。祝注先在《中國少數民族詩歌史》中一針見血地指出，在清代，"蒙古族漢文詩歌作者之多和詩歌數量之大以及詩歌質量之高，都具有空前的特殊意義"。①

三、蒙古族漢文詩文著錄及存世情況

蒙古族身居邊疆，人口數量較多，由於地域和政治因素，蒙古族詩文作品僅在所在區域内流傳，少數被收入漢族或其他民族文人文集，少有收錄於官方史籍文獻之中。元明清蒙古族文人能够出版作品的較少，多數僅有抄本或稿本存世。由於年代久遠，歷經戰亂、政治變革等浩劫，多數作品已散佚，現只知書（篇）名未見作品或作品殘缺的較多。另還有一部分民間文人，作品不少，但生前作品不能流傳，逝後作品又被毀滅，名不見經傳，默默無聞，一生湮没。因而對於這些文人的關注，對於其作品的搜集整理，是當下學者義不容辭的責任。

元明清蒙古族漢文詩文作品一部分或經自我裒輯，裝訂成册；或經後人搜羅，形諸別集。現存最早的是元代薩都剌的《雁門集》，也是元代蒙古族文人唯一一部現存別集。明朝現存 9 部蒙古族文人別集。到清朝，蒙古族文人別集的數量翻了十倍之多，達 99 部，蒙古族文人的漢語詩文創作也隨之達到了頂峰。另有 1 628 篇散存作品，保存於總集、選集、地方志等各類史料典籍中。這些詩文創作展示了元明清蒙古族文人與漢族文人在交流交往交融過程中接受與影響的過程，同時體現了蒙古族的傳統文化與中原農耕文化長時期交流的豐碩成果，是數百年來蒙漢文化交流的直接產物。

經過對各類文獻進行搜集，保存有蒙古族文人漢文詩文作品的總集、選集、地方志等文史資料有：（元）楊朝英編《太平樂府》（原抄本、元刻本、殘元本）；（明）郭勳編《雍熙樂府》（明嘉靖四十五年刻

---

① 祝注先《中國少數民族詩歌史》，北京：中央民族大學出版社，1994 年版，第 225 頁。

本);(明)陳所聞、陳邦泰編《北宮詞紀》(明萬曆刻本);(明)解縉等輯《永樂大典》(明内府抄本);(清)張豫章奉敕編《御選元詩》(文淵閣《四庫全書》本);(清)顧嗣立、席世臣編《元詩選》(清康熙刻本);(元)傅習、孫存吾等輯《皇元風雅》(景上海涵芬樓藏高麗元刻本);(元)王士點、商企翁編《秘書監志》(文淵閣《四庫全書》本);(明)無名氏輯《樂府群珠》(明鈔本);(明)汪砢玉編《珊瑚網》(文淵閣《四庫全書》本);(清)陳夢雷等纂《古今圖書集成》(清光緒二十年上海同文書局石印本);(清)陸心源編《皕宋樓藏書志》(清光緒刻本);陳衍輯撰《元詩紀事》(清光緒鉛印本);(明)楊慎《南詔野史》(清光緒刻本);(明)臧賢輯,張祿增補《盛世新聲》(明正德刻本);(明)張祿輯《詞林摘艷》(明嘉靖四年刻本);(明)張栩輯《彩筆情辭》(明天啓四年刻本);(明)劉侗《帝京景物略》(明崇禎刻本);(明)鍾惺輯《名媛詩歸》(明末刻本);(明)陳子龍輯《皇明詩選》(明刻本);(明)李騰鵬輯《皇明詩統》(明萬曆刻本);(明)查志隆輯《岱史》(明萬曆刻本);(明)張時徹編《皇明文範》(明刻本);(明)謝榛《四溟山人全集》(明萬曆二十四年趙府冰玉堂刻本);(明)鄭賢《古今人物論》(明刻本);(清)陳田輯撰《明詩紀事》(清光緒刻本);(清)宋弼《山左明詩鈔》(清乾隆刻本);(清)朱彝尊編《明詩綜》(清康熙刻本);(清)錢謙益《列朝詩集》(清刻本);(清)錢謙益《列朝詩集小傳》(清刻本);(清)沈德潛《明詩別裁集》(清乾隆四年刻本);(清)鐵保輯《熙朝雅頌集》(清嘉慶刻本);楊鍾義撰《雪樵詩話全編》(人民文學出版社);錢仲聯主編《清詩紀事》(鳳凰出版社);(清)希元、祥亨等纂《荆州駐防八旗志》(遼寧大學出版社);法式善著,張寅彭、強迪藝編校《梧門詩話合校》(鳳凰出版社);(清)徐世昌編《晚晴簃詩匯》(中華書局);楊鍾義編《白山詞介》(清宣統二年刻本);(清)盛昱編《八旗文經(光緒刻本);(清)延清輯《遺逸清音集》(北京商務印字館民國五年鉛印本);(清)春元纂《京口八旗志》(清光緒刻本);(清)三多輯《柳營詩傳》

（清光緒刻本）；龍顧山人纂《十朝詩乘》（民國二十四年刻本）；（清）張大昌輯《杭州八旗駐防營志略》（清光緒刻本）；葉恭綽編《全清詞鈔》（中華書局）；孫雄輯《道咸同光四朝詩史》（清宣統二年刻本）；（清）吳宗愛《徐烈婦詩鈔》（清同治十三年刻本）；（清）完顏惲珠輯《國朝閨秀正始集》（清道光十一年紅香館刻本）；（清）王綬修，康乃心纂《平遥縣志》（清康熙四十五年刻本）；（清）孫和相修，戴震纂《汾州府志》（乾隆三十六年刻本）；（清）張培仁等修，李元度纂《平江縣志》（清同治十三年刻本）；（清）林荔修，姚學甲纂《鳳臺縣志》（清乾隆四十九年刻本）；（清）周尚質修，李登明、謝冠纂《曹州府志》（清乾隆刻本）；（清）高士英修《濮州志》（清宣統元年刻本）；（清）廖文英、熊維典修《南康府志》（清康熙十二年刻本）；（清）狄學根、黃昌藩修《都昌縣志》（清同治十一年刻本）；（清）李湞修（清）黃之征等纂《内黃縣志》（清乾隆四年刻本）；（清）鍾賡起修《甘州府志》（清乾隆刻本）；毛承霖纂修《續修歷城縣志》；（清）方湛修，詹相廷纂《樂安縣志》（清康熙二十三年刻本）；（清）翁元圻等修，王煦等纂《湖南通志》（清嘉慶二十五年刻本）；（清）胡德琳修，何明禮、章承茂纂《濟陽縣志》（清乾隆三十年刻本）；王嗣鋆纂，路大遵修《濟陽縣志》（民國二十三年刻本）；（清）張三異修，王嗣皋纂《紹興府志》（清康熙十二年刻本）；（清）施誠纂修《河南府志》（清乾隆四十四年刻本）；黃瑞輯《台州金石録》（民國五年刻本）；（清）鄭僑修、唐徵麟等纂《上虞縣志》（清康熙刻本）；（清）陳作哲修，楊深秀纂《聞喜縣志續》（清光緒六年刻本）；（清）莫之翰纂修《泗州志》（清康熙二十七年刻本）；郭起元修，徐方高，秦戀紳纂《盱眙縣志》（清乾隆十二年刻本）等經對以上文獻的統計，元明清從事漢語詩文創作的蒙古族作家共有 196 人。其中元代蒙古族作家總共 58 人（3 人作品無傳），散存詩 150 首，文 36 篇，小令 34 首，套數 8 套；明代蒙古族作家總共 13 人，散存詩 222 首，文 10 篇，詞 1 首；清代蒙古族作家總共 124 人，散存詩 1 031 首

前　　言

（含殘句 31 聯），文 111 篇，詞 16 首。收錄元明清蒙古族的散存作品較爲集中的文獻主要有（清）顧嗣立、席世臣編《元詩選》；（清）宋弼輯《山左明詩鈔》；（清）鐵保輯《熙朝雅頌集》；楊鍾羲撰《雪樵詩話全編》；錢仲聯主編《清詩紀事》；（清）希元、祥亨等纂《荆州駐防八旗志》；法式善著，張寅彭、强迪藝編校《梧門詩話合校》；（清）徐世昌編《晚晴簃詩匯》；楊鍾羲編《白山詞介》；（清）延清輯《遺逸清音集》等。

《元明清蒙古族漢文創作敘錄及散存作品輯錄》一編，即致力於將散存在各典籍中的蒙古族作家漢文詩文創作集中整理，爲後來者提供學習與研究之便。全書分爲三部分，包括元代、明代和清代蒙古族詩文創作提要與散存作品的搜集整理。全書整體框架設計及最終審定爲多洛肯，具體分工如下：元代，李連旭、楊韜；明代，姚麗娟；清代，路鳳華、侯彪。

最後需要説明的是，對元明清蒙古族漢文創作進行全面搜集整理，存在相當的難度，疏漏在所難免，敬請方家指正。

凡　　例

一、本書收録元明清從事漢語文創作的蒙古族作家195人,共收詩1410首(其中殘句31聯),詞17首,套數8套,小令34首,散文159篇。

二、本書基本按照作者行年先後順序排列,僅知大概時期的作者據其文學活動時間歸入各朝代大體時段。行年不明或有異説者,基本按照文獻出處列在末尾。對身處兩朝的作家,主要考察其身份和文學創作予以歸納。

三、本書輯録的内容包括各體詩、詞、曲、散文,其中斷句、殘句、殘小令等亦予編入,放在每位詩人作品之後。曾收在參與者各自别集的聯句,僅據原始文獻(别集、總集)出處分别予以保留;并見同一文獻的聯句,暫編在首倡者名下。

四、同一詩題之下有多首詩,有二級標題的予以保留。原以"其一""其二""又"等排序的,或原標題下有題注的,均按原貌輯入。

五、元明清蒙古族作家詩文别集,本書不予輯入;作家的作品選集,則予輯入。對版本的選擇,主要擇善而從之。有些版本雖然刊刻較早,但是在刊刻過程中有殘缺、漫漶、倒錯等不足,則選擇内容完整者爲底本。

六、元明清蒙古族作家詩文别集中所録出的他人唱和等有關詩篇,凡是在序跋中有所作的引據,一般予以保留;僅在詩篇之後附録的他人篇章,則予以删除,另編在本人名下。

七、詩人小傳，對其生平、著述等狀況作了簡要介紹。在詩人小傳後面附有點校說明。按照詩、詞、曲、散文分開說明輯錄其作品時依據的底本與校正的版本，以及所參考的作品情況。

八、原始文獻中重出、誤收的作品，作了取捨判斷，均在相應的位置上作了說明。詩歌作品的輯佚主要是依靠《詩淵》《文翰類選大成》《熙朝雅頌集》《遺逸清音集》《清詩紀事》《晚晴簃詩匯》《道咸同光四朝詩史》《八旗文經》等總集，以及《永樂大典》等類書和地方史志等文獻。凡是流傳有序的總集對詩歌所屬有不同著錄或重出者，據有關文獻采取刪除一方或兩存待考的處置方式；對於判斷取捨較複雜者，兩存待考，并分別註明互見所在。

九、編撰過程中，按照古籍整理通例對收錄的詩歌作品作了標點與校勘，并儘量選擇善本或者通行本作底本，底本中的自注、原注均予以保留。

十、整理者所作的校記或按語，均附錄在作品之後。校記針對異文、正誤、補缺、拾遺等。對校本的選擇，擇要而從。按語則針對文獻歸屬，提供整理路徑。

目　　錄

上　　冊

前言 …………………………………………… 1
凡例 …………………………………………… 1

元　　代

忽必烈 ………………………………………… 3
伯顔 …………………………………………… 5
郝天挺 ………………………………………… 9
勘寶帶 ………………………………………… 15
息刺忽 ………………………………………… 16
月魯 …………………………………………… 18
燕不花 ………………………………………… 19
童童 …………………………………………… 21
聶鏞 …………………………………………… 25
蘭楚芳 ………………………………………… 28
燮理溥化 ……………………………………… 38
達溥化 ………………………………………… 42
孛羅 …………………………………………… 47

元明清蒙古族漢文創作敘錄及散存作品輯錄

同同	52
圖帖睦爾	56
泰不華	59
察伋	67
囊加歹	69
僧家奴(訥)	70
凱烈(克烈)拔實	74
薩都剌	76
按攤不花	85
篤列圖	88
答禄與權	91
朵兒直班	99
忽都達兒	101
阿魯威	103
塔不觩	111
那木罕	113
哈剌臺	114
密蘭沙	116
阿榮	117
妥懽帖睦兒	119
凝香兒	121
愛猷識理達臘	123
帖木兒	124
也先忽都	125
答蘭鐵睦爾	126
達不花	127
月魯不花	128

目 録

察罕帖木兒 ················· 133
仝仝 ······················ 134
巴匝拉瓦爾密 ··············· 137
阿襧 ······················ 138
八禮臺 ···················· 140
不花帖木兒 ················· 141
伯顏九成 ·················· 142
伯顏帖木兒 ················· 143
達實帖木兒 ················· 144
朵只 ······················ 146
達魯花赤 ·················· 147
軶韃啞 ···················· 148
和禮普化 ·················· 149
老撒 ······················ 150
夏拜不花 ·················· 151
奚漠伯顏 ·················· 152
埜喇 ······················ 154
楊景賢 ···················· 155

明 代

鐵氏長女 ·················· 163
鐵氏次女 ·················· 165
哈銘 ······················ 166
魯鑑 ······················ 167
毛銳 ······················ 168
蘇祐 ······················ 170

蘇濓 ⋯⋯⋯⋯⋯⋯⋯⋯⋯⋯⋯⋯⋯⋯⋯⋯⋯⋯⋯ 209
蘇澹 ⋯⋯⋯⋯⋯⋯⋯⋯⋯⋯⋯⋯⋯⋯⋯⋯⋯⋯⋯ 217
蘇潢 ⋯⋯⋯⋯⋯⋯⋯⋯⋯⋯⋯⋯⋯⋯⋯⋯⋯⋯⋯ 229
蘇本 ⋯⋯⋯⋯⋯⋯⋯⋯⋯⋯⋯⋯⋯⋯⋯⋯⋯⋯⋯ 233
蘇光泰 ⋯⋯⋯⋯⋯⋯⋯⋯⋯⋯⋯⋯⋯⋯⋯⋯⋯⋯ 235
吳惟英 ⋯⋯⋯⋯⋯⋯⋯⋯⋯⋯⋯⋯⋯⋯⋯⋯⋯⋯ 238
蘇壯 ⋯⋯⋯⋯⋯⋯⋯⋯⋯⋯⋯⋯⋯⋯⋯⋯⋯⋯⋯ 243

下　　冊

清　　代

色冷 ⋯⋯⋯⋯⋯⋯⋯⋯⋯⋯⋯⋯⋯⋯⋯⋯⋯⋯⋯ 249
保泰 ⋯⋯⋯⋯⋯⋯⋯⋯⋯⋯⋯⋯⋯⋯⋯⋯⋯⋯⋯ 251
常祿 ⋯⋯⋯⋯⋯⋯⋯⋯⋯⋯⋯⋯⋯⋯⋯⋯⋯⋯⋯ 252
白衣保 ⋯⋯⋯⋯⋯⋯⋯⋯⋯⋯⋯⋯⋯⋯⋯⋯⋯⋯ 253
佛喜 ⋯⋯⋯⋯⋯⋯⋯⋯⋯⋯⋯⋯⋯⋯⋯⋯⋯⋯⋯ 262
牧可登 ⋯⋯⋯⋯⋯⋯⋯⋯⋯⋯⋯⋯⋯⋯⋯⋯⋯⋯ 264
保安 ⋯⋯⋯⋯⋯⋯⋯⋯⋯⋯⋯⋯⋯⋯⋯⋯⋯⋯⋯ 265
奈曼 ⋯⋯⋯⋯⋯⋯⋯⋯⋯⋯⋯⋯⋯⋯⋯⋯⋯⋯⋯ 266
國柱 ⋯⋯⋯⋯⋯⋯⋯⋯⋯⋯⋯⋯⋯⋯⋯⋯⋯⋯⋯ 268
諾敏 ⋯⋯⋯⋯⋯⋯⋯⋯⋯⋯⋯⋯⋯⋯⋯⋯⋯⋯⋯ 272
雅爾圖 ⋯⋯⋯⋯⋯⋯⋯⋯⋯⋯⋯⋯⋯⋯⋯⋯⋯⋯ 273
國棟 ⋯⋯⋯⋯⋯⋯⋯⋯⋯⋯⋯⋯⋯⋯⋯⋯⋯⋯⋯ 277
夢麟 ⋯⋯⋯⋯⋯⋯⋯⋯⋯⋯⋯⋯⋯⋯⋯⋯⋯⋯⋯ 282
博明 ⋯⋯⋯⋯⋯⋯⋯⋯⋯⋯⋯⋯⋯⋯⋯⋯⋯⋯⋯ 316
博卿額 ⋯⋯⋯⋯⋯⋯⋯⋯⋯⋯⋯⋯⋯⋯⋯⋯⋯⋯ 329

目　錄

福明安 …………………………………… 336
惠齡 ……………………………………… 338
廣順 ……………………………………… 340
嵩貴 ……………………………………… 342
永慧 ……………………………………… 348
雅爾善 …………………………………… 350
景文 ……………………………………… 351
和瑛 ……………………………………… 354
法式善 …………………………………… 361
松筠 ……………………………………… 426
永清 ……………………………………… 431
長齡 ……………………………………… 432
鄂山 ……………………………………… 433
文孚 ……………………………………… 435
清瑞 ……………………………………… 437
裕謙 ……………………………………… 439
永齡 ……………………………………… 443
托渾布 …………………………………… 444
壁昌 ……………………………………… 446
達春布 …………………………………… 451
倭仁 ……………………………………… 452
明訓 ……………………………………… 459
柏葰 ……………………………………… 460
花沙納 …………………………………… 464
柏春 ……………………………………… 466
瑞常 ……………………………………… 469
謙福 ……………………………………… 475

5

元明清蒙古族漢文創作敘錄及散存作品輯録

瑞慶 ·············· 477
桂茂 ·············· 479
恩麟 ·············· 480
布彦 ·············· 481
盛元 ·············· 482
恩成 ·············· 485
恩隆 ·············· 486
多隆阿 ············ 487
錫縝 ·············· 488
燮清 ·············· 515
貴成 ·············· 517
恭釗 ·············· 522
世泰 ·············· 525
來秀 ·············· 526
梁承光 ············ 527
英善 ·············· 528
貢納楚克 ·········· 529
嵩威丹精 ·········· 530
尹湛納希 ·········· 531
恩澤 ·············· 532
固魯鏗 ············ 534
恒焜 ·············· 536
延清 ·············· 537
錫珍 ·············· 574
錫鈞 ·············· 577
葆淳 ·············· 580
升允 ·············· 581

6

目　録

世榮 ………………………………………………………… 583
瑞洵 ………………………………………………………… 587
衡瑞 ………………………………………………………… 589
有泰 ………………………………………………………… 590
彭年 ………………………………………………………… 591
三多 ………………………………………………………… 595
錫綸 ………………………………………………………… 615
善廣 ………………………………………………………… 617
毓珍 ………………………………………………………… 618
伊成阿 ……………………………………………………… 619
文熙 ………………………………………………………… 620
壽英 ………………………………………………………… 621
博迪蘇 ……………………………………………………… 622
旺都特那木濟勒 …………………………………………… 623
榮慶 ………………………………………………………… 624
同裕 ………………………………………………………… 626
傑純 ………………………………………………………… 629
慶惠 ………………………………………………………… 631
貴昌 ………………………………………………………… 632
德通保 ……………………………………………………… 633
全善 ………………………………………………………… 634
秀岱 ………………………………………………………… 635
塔納布 ……………………………………………………… 636
西卜昌阿 …………………………………………………… 637
鳳淩 ………………………………………………………… 638
裕厚 ………………………………………………………… 639
松年 ………………………………………………………… 640
炳寬 ………………………………………………………… 641

元明清蒙古族漢文創作敘錄及散存作品輯錄

愛仁 ………………………………………… 645
吉章 ………………………………………… 646
克希克圖 …………………………………… 647
榮廷 ………………………………………… 648
玉興 ………………………………………… 652
雲書 ………………………………………… 654
貢桑諾爾布 ………………………………… 656
那蘇圖 ……………………………………… 659
恩華 ………………………………………… 660
延昌 ………………………………………… 662
旭朝 ………………………………………… 663
桂芳 ………………………………………… 665
延釗 ………………………………………… 666
奎照 ………………………………………… 668
果勒敏 ……………………………………… 669
桂霖 ………………………………………… 670
希元 ………………………………………… 671
巴延珠 ……………………………………… 674
端靜閒人 …………………………………… 675
熙春 ………………………………………… 680
庆徽 ………………………………………… 681
烏雲珠 ……………………………………… 682
那遜蘭保 …………………………………… 683
博爾濟吉特氏 ……………………………… 685
图伯特氏 …………………………………… 686
成堃 ………………………………………… 687
杏芬 ………………………………………… 688

8

元　代

忽 必 烈

元世祖忽必烈（1215—1294），爲太祖成吉思汗之孫，托雷第四子，母唆魯禾帖尼，《元史·本紀》稱他"以乙亥歲八月乙卯生。及長，仁明英睿，事太后至孝，尤善撫下。納弘吉剌氏爲妃。"他於乃馬真后三年(1244)在潛邸即"思大有爲於天下"，遂經常"延藩府舊臣及四方文學之士，問以治道"。憲宗元年(1251)，受命總領漠南漢地軍國庶事。三年，先受京兆(今陝西西安)封地，後又受命遠征雲南，滅大理國。六年，建開平府，經營宮室。七年，憲宗攻南宋，受命帶總東路軍。九年，憲宗病死於合州軍前，遂在鄂州與南宋議和，北返燕京。次年三月，在開平舉行忽里台(蒙語意爲"大會")，即大汗位，稱皇帝，建年號中統。中統五年(1264)八月又改年號爲至元。至元九年，建都大都(今北京)。十三年，滅南宋。三十一年正月壬子病死，年八十歲，在位三十五年。蒙語尊號薛禪皇帝，廟號世祖，謚號聖德神功文武皇帝。

生平事蹟見明宋濂撰《元史》，李修生主編《全元文》，朱學勤主編《中國皇帝皇後百傳·忽必烈》，(美)莫里斯·羅沙比著，趙清治譯《忽必烈和他的世界帝國》。清張豫章奉敕編《御選宋金元明四朝詩》和王叔磐、孫玉溱、張鳳翔、吳繼昌、吳學恒選注《元代少數民族詩選》皆錄其七律《陟玩春山紀興》一首。

李修生主編《全元文》收其詔令三百八十六篇，輯自《元史》《大元聖政國朝典章》《元朝典故編年考》《永樂大典》等書。

此次點校詩以清張豫章奉敕編《御選元詩》爲底本,以清顧嗣立、席世臣編《元詩選·癸集》爲校本,詩共計1首。

陟巘春山紀興

時膺韶景陟蘭峰,不憚躋攀謁粹容。花色映霞祥彩混,鑪煙拂霧瑞光重[1]。雨霑瓊幹巖邊竹,風襲琴聲嶺際松。净刹玉毫瞻禮罷,迴程仙駕馭蒼龍[2]。

校記:
 [1] 鑪:《元詩選·癸集》作"爐"。
 [2] 迴:《元詩選·癸集》作"回"。

伯　顔

伯顔(1236—1295)，蒙古八鄰(巴林)部人。據《元史》本傳，其曾祖述律哥圖事太祖成吉思汗有功，被封爲八鄰部左千户。祖阿剌襲父職，兼斷事官，平忽禪有功，得食其地。父曉古臺世其官，從宗王旭烈兀開西域。伯顔長於西域。至元初，伯顔奉使至大都(今北京)奏事，世祖忽必烈見其貌偉，聽其言厲，遂將他留用宫中。至元二年(1265)，伯顔官拜中書左丞相。四年，改中書右丞。七年，遷同知樞密院事。十年春，持節奉玉册立燕王真金爲皇太子。十一年，大舉伐宋，與史天澤並拜中書左丞相，行省荆湖。後詔改淮西行省爲行樞密院。庚子，伯顔薨，年五十九。卒贈太師、開府儀同三司，追封淮安王，謚忠武。《元史》本傳還説他"深略善斷"。

生平事蹟見元楊朝英編《太平樂府》卷四，《樂府群珠》卷一，明宋濂《元史》卷一百二十七《伯顔傳》，明葉子奇《草木子》卷四《談藪篇》，陳衍輯撰《元詩紀事》卷四，隋樹森編《全元散曲》。

伯顔有文才，能詩能曲，清顧嗣立、席世臣編《元詩選·癸集》存詩《克李家市新城》《奉使收江南》《軍回過梅嶺岡留題》《鞭》四首。清顧嗣立、席世臣編《元詩選·癸集》並指出《事文類聚》《翰墨全書》等載《鞭》爲"無名氏"所作。

陳衍輯撰《元詩紀事》卷四録其《過梅嶺岡留題》，即清顧嗣立、席世臣編《元詩選·癸集》之《軍回過梅嶺岡留題》。

隋樹森編《全元散曲》上册録其小令《〔中吕〕喜春來》云："金魚玉

帶羅襴扣,皂蓋朱幡列五侯。山河判斷在俺筆尖頭。得意秋,分破帝王憂。"

明葉子奇《草木子》卷四《談藪篇》云:"伯顏丞相與張九(即張弘範)元帥,席上各作一《喜春來》詞。……帥才相量,各言其志。"清顧嗣立、席世臣編《元詩選・癸集》中評論:"詩文乃其餘事。汲郡王惲《玉堂嘉話》云:'初宋未下時,江南謠云:"江南若破,百雁來過。"當時莫喻其意,及宋亡,蓋知指丞相伯顏也。'"陳衍輯撰《元詩紀事》卷二錄其詩《過梅嶺岡留題》一首,並於詩後引明朗瑛《七修類稿》評曰:"伯顏下江南,過金陵梅嶺岡詩云云。所以著名,亦有是善。"

此次點校詩以清顧嗣立、席世臣編《元詩選・癸集》爲底本,以元傅習、孫存吾等輯《皇元風雅》(《四部叢刊初編》本)爲校本,詩共計4首。小令以明葉子奇《草木子》爲底本,以隋樹森編《全元散曲》爲校本,小令共計1首。文以元劉敏中撰《平宋錄》(《叢書集成初編》本)爲底本,文共計1篇。

克李家市新城

小戲輕提百萬兵,大元丞相鎮南征。舟行漢水波濤息,馬踐吳郊草木平。千里陣雲時復暗,萬山螢火夜深明。皇天有意亡殘宋,五日連珠破兩城。

奉使收江南

劍指青山山欲裂,馬飲長江江欲竭。精兵百萬下江南,干戈不染生靈血。

軍回過梅嶺岡留題[1]

馬首經從庾嶺歸,王師到處悉平夷。擔頭不帶江南物,只插梅花一兩枝。

伯　颜

校記：

[1] 元傅習、孫存吾等輯《皇元風雅》（《四部叢刊初編》本）題作"度梅關"。

鞭

一節高兮一節低，幾回敲鐙月中歸[1]。雖然三尺無鋒刃，百萬雄師屬指揮。

校記：

[1] 鐙：元傅習、孫存吾等輯《皇元風雅》（《四部叢刊初編》本）作"韃"。

〔中呂〕喜春來

金魚玉帶羅襴扣，皁[1]蓋朱旛[2]列五侯。山河判斷在俺筆尖頭。得意秋，分破帝王憂。

校記：

[1] 皁：《全元散曲》作"皂"。

[2] 旛：《全元散曲》作"幡"。

大丞相賀表

臣巴延等言：國家之業大一統，海嶽明王會之歸；帝王之兵出萬全，島夷敢天威之抗。始干戈之爰及，迄文軌之會同。區宇一清，普天均慶。臣巴延等，誠懽誠忭，頓首頓首。欽惟皇帝陛下，道光五葉，統接千齡。梯航日出之邦，冠帶月支之國。際丹崖而述職，奄瀚海以爲家。獨此宋邦，弗遵聲教。謂江湖可以保逆命，舟檝可以敵王師。連兵負固，踰四十年。背德食言，難一二計。當聖主飛渡江南之日，遣行人乞爲城下之盟。

逮凱奏之言還，輒奸謀之復肆。拘囚我信使，忘乾坤再造之恩；結納我叛臣，盜連海二城之地。我是以有六載襄陽之討，彼居然無一介行李之來。禍既出於自求，怒致聞於斯赫。臣肅將禁旅，恭行天誅。爰從襄漢之上流，移出武昌之故渡。藩屏一空於江表，烽烟直接於錢塘。尚無度德量力之心，乃有殺使毀書之事。屬廟謨之親禀，揭根本之宜先。乃命阿喇哈取道於獨松，董文炳進師於海渚，臣與阿珠、阿達哈等丞司中闖，直指宋都。犄角之勢既成，水陸之師並進。常州一破，列郡傳檄而悉平；臨安爲期，諸將連營而畢會。彼極窮蹙，迭出哀鳴。始則爲稱姪納幣之祈，次則有稱藩奉璽之請。顧甘言何益於實事，率鋭旅直抵其近郊。召來用事之大臣，放散思歸之衛士。崛強心在，四郊之横草都無；飛走計窮，一月之降幡始竪。其宋主率諸大臣，已於二月初六日，望闕拜伏歸附訖。所有倉廩府庫，封籍待命。外臣奉揚寬大，撫戢吏民。九衢之市肆不移，一代之繁華如故。兹惟睿算，卓冠前王。視萬里爲目前，運天下於掌上。致令臣等，獲對明時。歌七德以告成，深切龍庭之想；上萬年而爲壽，更陳虎拜之詞。臣無任瞻天望聖，激切屏營之至。臣等誠懽誠忭，頓首頓首。謹言。

郝天挺

郝天挺(1247—1313)，字繼先，號新齋，朵魯別氏，世居安肅州（今甘肅敦煌縣東北）。幼爲國兵所掠，長通譯語，善騎射。太祖遣使宋，往返再四，以辯稱。據《元史》本傳，其自曾祖而上，居安肅州，父和上拔都魯，太宗、憲宗之世多著武功，於太宗三年(1231)授行軍萬户，十二年進拜宣德、西京、太原、平陽、延安五路萬户，定宗三年(1248)詔還，治太原。皇慶二年(1313)，郝天挺卒，年六十七歲，贈光禄大夫、中書平章政事、柱國，追封冀國公，謚文定。

郝天挺英爽剛直，有志略，曾受業於金元之際著名文學家元好問門下。後以功臣子爲世祖召見，令執文字，備宿衛春宫。尋陞參議雲南行尚書省事、參知政事，又擢陝西漢中道廉訪使，入爲吏部尚書、中書右丞。爲官剛直不阿，與宰相論事，有不合者，輒面斥之。後出爲江西、河南二省右丞，召拜御史中丞。相繼爲成宗、武宗、仁宗所信任。他關心社會時政，民生疾苦，曾向仁宗上疏陳七事，曰"惜名爵、抑浮費、止括田、久任使、論好事、獎農務本、勵學養士"。詔中書省執行。尋拜河南行省平章政事。

生平事蹟見明宋濂《元史》卷一百七十四《郝天挺傳》，清穆彰阿、潘錫恩等纂修乾隆《大清一統志》，柯劭忞《新元史》卷一百四十八《郝和尚拔都傳》，清王士禎《池北偶談》卷六，降大任、魏紹源、狄寶心編《元遺山金元史述類編》（第93頁）。

著有《雲南實録》五卷。明宋濂《元史》、清錢大昕《補元史藝文志》中存其七律《麻姑山》（又作《題麻姑壇》），收錄於元代詩文集《皇元風雅》《國朝文類》以及明宋緒輯《元詩體要》卷十、明孫原理輯《母音》卷二。其成名之作是五律《寄李道復平章》，收錄於清張豫章奉敕編《御選宋金元明四朝詩》《唐詩鼓吹集注》，《四庫全書總目》卷一百八十八集部總集類著錄《唐詩鼓吹》，其文曰："《唐詩鼓吹》十卷，通行本。不著編輯者名氏。據趙孟頫序，稱爲金元好問所編，其門人中書左丞郝天挺所註。"

清陸貽典在常熟重刊《唐詩鼓吹》時曾對該書的註者問題提出質疑。事實上，早在明代，文人陳霆就曾在《兩山墨談》中予以辨明，他指出爲《唐詩鼓吹集》作注的郝天挺非《金史・隱逸傳》之郝天挺。清王士禎又進一步加以考證，"金元間有兩郝天挺，一爲元遺山之師，一爲遺山弟子。予考《元史・郝經傳》云，其先潞州人，徙澤州之陵川。祖天挺，字晉卿，元裕之嘗從之學。……其一字繼先，出於朵魯別族，父和上拔都魯，元太宗世，多著武功。天挺英爽，剛直有志略，受業於遺山元好問，累拜河南行省平章政事，追封冀國公，諡文定，爲皇慶名臣。嘗修《雲南實錄》五卷，又註唐人《鼓吹集》十卷。……近常熟刻《鼓吹集》，乃以爲隱逸傳之晉卿，而致疑於趙文敏之序稱尚書左丞，又於尚書左丞上妄加金字，誤甚"。

《唐詩鼓吹集注》於至大元年（1308）首次刊行後，歷明清兩個朝代，又屢有重刻本、評註本、大全本等各種版本次第問世，在社會上廣爲流傳，產生了極爲深遠的影響。就版本而論，至大元年浙省儒司刻本屬於初刻本，"十行，二十字，白口"。其後又有元京兆劉氏日新堂刻本，"十三行，二十二字"，又元沖和書堂刻本等，均屬元刻本，列爲善本。明代刻本亦頗多，列爲善本的就有國家圖書館藏《注唐詩鼓吹》十卷；（金）元好問輯《高明選增便蒙唐詩鼓吹大全》明初書林本誠堂劉氏刻本；中國書店收正德刻本；明經廠刻本等等。清代刻本中流傳較廣的有順治刻本《唐詩鼓吹注解》、康熙二十七年自怡居刻本《東嵒草堂評定唐詩鼓吹》以及《唐詩鼓吹評註》等。康熙自怡居刻本卷首署文曰："金元好問編,元郝天挺注,明廖文炳解,清朱三錫評校。嚴修錄,趙執信、紀昀批校並跋。"卷首鈐有"嚴修私印""香館藏書""大樑顧氏"等藏書印章。《唐詩鼓吹集注》早在明代就已流布海外,據清人楊守敬《日本訪書志》記載,彼國朝鮮藏有活字本《注唐詩鼓吹》(十卷)系明代時所印行。乾隆朝修《四庫全書》,又將其收錄在集部,以廣其傳。

郝天挺所作漢詩,今只流傳《寄李道復平章》《麻姑山》兩首,收入清顧嗣立、席世臣編《元詩選》;王叔磐、孫玉溱、張鳳翔、吳繼昌、吳學恒選注《元代少數民族詩選》等書。

郝天挺亦能文。《全元文》卷四五六輯有郝天挺《貽范元直書》一篇,文中所談請放河朔百姓渡河南下之事,應當發生在金末"貞祐南渡"之際。范元直爲金宣宗時期的河北西路機察使,爲郝經祖父郝天挺的門生,郝氏乃代河朔百姓向他求情。故此文當爲誤輯,將元好問之師郝天挺的文章置於元好問之徒郝天挺的名下。但據《全元文》卷四五六,元好問之徒郝天挺還有一篇《杜氏孝感泉記》,講述的是一位孝子的故事。(顧世寶《蒙元時代的蒙古族文學家》)

元趙孟頫《〈唐詩鼓吹〉原序》(天津圖書館藏明嘉靖戊戌葉氏廣勤書堂刻本)云:"公以經濟之才坐廟堂,以韋布之學研文字,出其博洽之餘,探隱發奧,人爲之傳,句爲之釋。或意在言外,或事出異書,公悉取而附見之,使誦其詩者知其人,識其物者達其義,覽其詞者見其指歸,然後唐人之精神情性,始無所隱遁焉。"

《四庫全書總目》評其《唐詩鼓吹》曰:"天挺之注,雖頗簡略,而但釋出典,尚不涉於穿鑿,亦不似明廖文炳等所解橫生枝節,庸而至於妄也。"

此次點校詩《寄李道復平章》以清張豫章奉敕編《御選元詩》爲底本,《麻姑山》以元傅習、孫存吾等輯《皇元風雅》(《四部叢刊初編》本)爲底本,以清顧嗣立、席世臣編《元詩選·癸集》、楊鐮主編《全元詩》

爲校本，詩共計 2 首。文以清王綏修，清康乃心纂《平遥縣志》（康熙四十五年刻本）爲底本，以清孫和相修，清戴震纂《汾州府志》（乾隆三十六年刻本）、清覺羅石麟修，清儲大文纂《山西通志》（文淵閣《四庫全書》本）作校本，文共計 1 篇。

寄李道復平章

聖主尊賢輔，明時仗老臣。策勳分二陝，錫土列三秦。邊徼風塵息，乾坤雨露均。遥知黃閣下，得句更清新。

麻 姑 山[1]

路入尋幽景便嘉[2]，石田瑤草帶煙霞[3]。注[4]經洞古亡[5]遺檢，養藥爐存失舊砂。青鳥空傳王母信[6]，綵鸞應到玉皇家。巖扉不掩春長在[7]，老却碧桃無數花[8]。

校記：

[1]《全元詩》題作《題麻姑壇》。

[2] 尋幽景便嘉：《元詩選·癸集》作"雲關寂不譁"，《全元詩》作"雲關仙境佳"。

[3] 石：《元詩選·癸集》《全元詩》作"瓊"。

[4] 注：《元詩選·癸集》《全元詩》作"貯"。

[5] 亡：《元詩選·癸集》《全元詩》作"無"。

[6] 王：《元詩選·癸集》《全元詩》作"金"。

[7] 長：《元詩選·癸集》作"常"。

[8] 老却碧桃無數花：《元詩選·癸集》作"開遍碧桃千樹花"，《全元詩》作"開盡碧桃千樹花"。

杜氏孝感泉記　大德三年三月五日

《書》曰"至誠感神"者，誠也。至誠而不動者，未之有也。夫上天

郝　天　挺

之載,無聲無臭者,神也。力有所極,智有所窮,極之智力,感無聲無臭之神天,舍誠奚先?誠身之道,惟孝爲大。故王祥之盛冬躍鯉,姜詩之近舍湧泉,皆其應也。振古如兹,豈今不爾?太原平遥孝感泉者,出於本縣西汾村里杜氏先塋之側。泉之得名,由今四川行省左丞之母沁帥便宜夫人王氏之所指而鑿者也。裏自開闢有聚落已來,土脈鹹苦,列井數十,皆螫舌不可嘗。負縆抱甕,遠汲他所,民甚病之。帥薨歸葬,夫人扶柩哀慟之餘,相地出井,以供蘋藻錡釜之薦。泉忽通透,獨甘如飴。耄稚歡駴,目之曰孝感。既周葬,遺澤至今賴之。帥諱豐,起跡農畝,金末兵亂,以材勇保據沁州。國初入附,累從戰伐,所破城栅,全活萬計。朝廷授以虎符、金吾衛上將軍、絳軍節度使、沁州都元帥便宜行事。其本州所隸親王,亦有旨錫以沁陽公之號。投戈撫字,得人驩心。乙卯夏五月薨[1],年六十六,遺命還葬西汾州祖塋。沁人留之不可,乃別建祠堂以奉香火。夫人王氏,孝於親,睦於族,治家教子,慈肅有方。生男長曰思明,襲沁尹,累遷至明威將軍、吉州路達魯花赤。次思忠,自高麗國經歷官遷承務郎、固鎮鐵冶提舉。次思敬,由汴梁安西路總管,召拜内臺侍御史,尋參知内省政事,改資善大夫、四川等處行中書省左丞。練達辨博,識明氣和,歷中外餘三十年,謝病退去。次思問,以綏德州知州簽奉議大夫、簽河東山西道肅政廉訪司事。衆孫三十許人,文通經史,武便騎射。出任者依日月之光,春秋扈從;居家者安桑梓之舊,晨昏甘旨。求忠臣於孝子之門,至誠感神,於斯見之矣。噫,西河之井泉,日夜洋溢,供鄉裏饑渴之求,源源無窮。杜氏之子孫,瓜瓞蕃衍[2],供家國人才之用,源源亦無窮[3]。臨其亭甃,飲其清冽,鄉里不能知所自,爲忘本;子孫不能知所自,爲忘孝。是宜勒諸石以告來者。大德三年三月初五日記。

校記:

　　[1]乙卯夏五月薨:五,原脱,今據乾隆三十六年《汾州府志》卷二十九(以

下簡稱《府志》）補。

〔2〕瓜瓞蕃衍：《府志》、文淵閣《四庫全書》本《山西通志》卷二百四均作"日夜蕃衍"。

〔3〕源源亦無窮：《府志》、文淵閣《四庫全書》本《山西通志》卷二百四均作"亦源源無窮"。

勖實帶

　　勖實帶(1256—1311)，晚易名士希，字及之，號西齋，爲蒙古克烈氏(或作怯烈氏、客烈氏等)，元世祖忽必烈朝著名儒士。祖父惜里吉思，父兀部，世爲炮手軍千户，自太宗窩闊臺以來，破金伐宋，屢立戰功。初居河南聞喜之西薛莊，後遷居鳴皋鎮，故又稱鳴皋人。

　　勖實帶曾從伯顏南下伐宋，諸將渡江，爭奪金帛婦女，唯勖實帶獨取閣書數百卷，並將所俘人士盡皆遣歸。時聞名里居，人皆服其賢。遷武德將軍，進炮手軍總管。兵戈偃息之後，回原籍建伊川書院，教育人才。延祐間，有集賢學士陳影奏聞，仁宗敕賜"伊川書院"之名，並令集賢學士大書法家趙孟頫書寫其名。晚年尤好性理之學，與陳天祥、姚燧、盧摯等爲摯友，交遊唱和，一時聞名遐邇。公卿交薦，將起用爲翰林，不期因疾卒，終年五十五歲。其子慕顔鐵木"賢而有文，藏書萬餘卷，無不究覽"。

　　生平事蹟見元程鉅夫《程雪樓集》之《故炮手軍總管克烈君碑銘》，柯劭忞《新元史》卷八十八、卷一百六十九。

　　勖實帶好學工詩，讀書常手不釋卷。有詩五百餘篇，曰《伊東拙稿》，藏於其家。《故炮手軍總管克烈君碑銘》載："君雖生貴族，長戎馬，而廉敏好學，有詩五百餘篇，曰《伊東拙稿》，藏於家。"惜未見傳世。

息剌忽

　　息剌忽，蒙古玒魯古氏，出身軍旅世家，祖父因拓疆宇之功，分駐東魯。自幼從銀青榮祿大夫、行中書省左丞相蒙古臺南征，參加過宋元戰爭。"三教之書頗嘗涉獵，雖累歷仕途，心未敢怠"，可以稱得上是一位文武雙全的蒙古將領。

　　息剌忽存文《武當事跡序》一篇，作於奉命鎮守鈞州（今湖北丹江口）期間。他努力搜求關於武當之神元帝的相關故事，其原因乃是"大元、元帝，皆北方之聖人"，爲大元帝國的統治從神權角度尋找依據，"彰北方聖人與天地合德之大"。這篇序文保存於清代叢書《古今圖書集成》卷一百五十六。

　　此次點校文以清陳夢雷等纂《古今圖書集成》（光緒二十年同文書局石印本）爲底本，文共計1篇。

武當事跡序

　　朱漢上曰：坎爲天地之中，聖人得天地之中，則能與天地日月鬼神合。先天而天弗違，聖人即天地也；後天而奉天時，天地即聖人也。聖人與天地爲一，是以作爲萬物覩。坎，北方之卦也。大元運啓於北，眷命自天，統御乾坤，並明日月，山川鬼神亦莫不寧。至元庚午冬，元帝現龜蛇瑞相於大都高粱河金水中，此後天而奉時之驗也。元帝，北方元武之神也，尊居天一，位鎮坎宫，威憺萬靈，周行六合。武當山，元武之所寓，元武非此山不足以顯其靈，此山非元武不足以彰其名。此先天而天弗違之理也。大元、元帝,皆北方之聖人,是以與天地爲一聖,作物覩天道之常。

僕蒙古人,玡魯古氏,祖父以恢拓疆宇之功,分駐東魯。僕自幼從銀青榮禄大夫、行中書省左丞相蒙古臺南證,三教之書頗嘗涉獵,雖累歷仕途,心未敢怠。兹欽奉宣命來守於均,而武當福地正居境内。到任之初,詢問此山事實,所傳不同,未堪爲信,或告之曰:"此中有前承應劉洞陽,道學進士也,必能知會。"一日訪之,乃出所編《武當總真事蹟》三卷,實符所願,盥手閲誦,不出户庭則武當萬古之靈蹤已遍歷矣。至於前代之沿革,佑聖之仙蹤,宫觀之本末,神仙之隱顯,與夫峰巒之秀,溪澗之幽,昆蟲之靈,草木之異,井井有條而不紊,故索之以廣其傳,願與四方樂善好事君子共,亦足以彰北方聖人與天地合德之大。

月　　魯

　　月魯，蒙古人。大德三年(1299)以奉直大夫遷嶺南廣西道肅政廉訪司僉事。
　　生平事蹟見明宋濂《元史》，清魏源《元史新編》，清顧嗣立、席世臣編《元詩選·癸集》。
　　清顧嗣立、席世臣編《元詩選·癸集》收月魯五律《老人巖》一首，《永樂大典》卷二千三百四十四録其詩《題東斗山》《題北斗山》二首。
　　此次點校詩《老人巖》以清顧嗣立、席其臣編《元詩選·癸集》爲底本，《題東斗山》《題北斗山》以明解縉《永樂大典》爲底本，詩共計3首。

老　人　巖
何年混元境，曾見繡衣游。刻石俯丹井，題名瞰碧流。我來尋古蹟，魚躍上扁舟。還是宿緣否，真仙微點頭。

題　東　斗　山
東壁圖書近斗傍，捫參歷井看扶桑。飛吟直上三千尺，始信仙家日月長。

題　北　斗　山
北極星辰下九關，蒼蒼化作粵南山。玄樞天上司喉舌，分得餘光在兩間。

燕不花

燕不花,字孟初,張掖人,生活於元武宗至順帝年間。其先人捏古剌在元憲宗時,即歸服元朝,後從征有功。其父教化,初爲速古兒赤,後襲父職,爲左阿速衛千户。燕不花初事仁宗,待英宗立,爲進酒寶兒赤。天曆元年,迎文宗於河南,命爲温都赤、兵部郎中,累官至兵部尚書。卒年不詳。

生平事蹟見明宋濂撰《元史》,清顧嗣立、席世臣編《元詩選·癸集》,清鍾賡起《甘州府志》,陳衍輯撰《元詩紀事》卷二十四。

燕不花有文采,善爲詩。元代著名詩人楊維楨曾賦《西湖竹枝詞》,一時從而和者數百家,燕不花即是其中之一。

清顧嗣立、席世臣編《元詩選·癸集》及陳衍輯撰《元詩紀事》引楊維楨《西湖竹枝集》評語"出貴胄而貧,貧而有操,不妄請干於人。讀書爲文,最善持論。"薩都剌贈詩云:"落拓江湖懶折腰,笑傲王侯但長揖。"(《薩天錫詩集》後集《走筆贈燕孟初》)。

清顧嗣立、席世臣編《元詩選·癸集》録其《西湖竹枝詞》一首。陳衍輯撰《元詩紀事》卷二十四録其詩《前題》一首,詩與清顧嗣立、席世臣編《元詩選·癸集》所録《西湖竹枝詞》詩名各異,但内容相同。

此次點校詩以清顧嗣立、席世臣編《元詩選·癸集》爲底本,詩共計1首。

西湖竹枝詞

湖頭春滿藕花香,夜深何處有鳴榔。郎來打魚三更裏,凌亂波光與月光。

童　　童

　　童童，一作童全、通通。據清屠寄《蒙兀兒史記·阿術傳》及柯劭忞《新元史·卜憐吉歹傳》，童童乃河南王阿術之孫，卜憐吉歹之子，蒙古速別兀歹兀良孩氏。其祖、父武功顯赫。童童棄武從文，元仁宗時，官居中奉大夫、集賢院侍講學士，後被貶河南行省平章政事。據《元史·泰定帝本紀》，泰定四年(1327)八月受御史彈劾，改江浙行省平章政事。據《嘉興府志》，其又曾做過嘉興府判。文宗至順二年(1313)以其"荒泆宴安，才非輔佐"被劾免官。另有一童童，維揚（今江蘇揚州）人，生活於元後期，爲女藝人李楚儀之長女，《青樓集》載其"兼雜劇"，其間來松江，後歸揚州。姓名見於《青樓小名錄》卷五。

　　生平事蹟見元曹伯啓《漢泉漫稿》卷九，明宋濂《元史·文宗本紀》，清顧嗣立、席世臣編《元詩選·癸集》，清屠寄撰《蒙兀兒史記·阿術傳》，柯劭忞撰《新元史》卷一百二十二《卜憐吉歹傳》。童童生活放蕩，有文采，善詩文曲畫。

　　元曹伯啓《漢泉漫稿》卷九《題童童〈平章畫梅卷〉》載："（童童）長於度曲，每以不及見董解元爲恨。"明朱權《太和正音譜》將其列於"詞林之英傑"一百五十人之中。

　　清顧嗣立、席世臣編《元詩選·癸集》(第390頁)錄其《奉旨祀桐柏山》《題王子晉》《滎陽古槐》三首。張月中、王綱主編《全元曲》收錄其《〔越調〕鬥鵪鶉·開筵》與《〔雙調〕新水令·念遠》兩套。元曹伯啓《漢泉漫稿》卷九《題童童〈平章畫梅卷〉》詩有記載。今存散曲兩套，包括十七支曲，收入隋樹森編《全元散曲》。

此次點校詩以清顧嗣立、席世臣編《元詩選·癸集》爲底本，詩共計 3 首。套數以元楊朝英編《太平樂府》、明張祿編《詞林摘艷》爲底本，明郭勳編《雍熙樂府》（嘉靖四十五年刻本）、明陳所聞、陳邦泰編《北宮詞紀》爲校本，套數共計 2 套，共 17 調。

題王子晉

屣棄萬乘追浮邱，仙成駕鶴縹山頭。碧桃千樹鎖金陀，玉笙嘹亮天風秋。回眸下笑蜉蝣輩，蝸角爭戰污濁世。何當高氣凌雲霄，願隨環珮聯雲騎。

榮陽古槐

龍蟠夭矯興雷雨，虎踞離奇隱鬼神。隆準千年成蟻夢，空餘古樹老滎濱。

奉旨祀桐柏山

桐柏山高插半天，峰巒平處有神仙。御香南下三千里，淮水東流幾萬年。玄鶴夜深和月舞，蒼龍春暖抱珠眠。只今天子如堯舜，辟穀先生學種田。

〔越調〕鬥鵪鶉·開筵[1]

鶴背乘風，朝真半空。龜枕生寒，遊仙夢中。瑞日融和，祥雲峙聳。赴天闕，遊月宮。歌舞吹彈，前後簇擁。

〔紫花兒〕畫錦堂筵開玳瑁，玻璃盞滿泛流霞，博山爐細裊香風。屏開孔雀，褥隱芙蓉。檜柏青松，瘦竹寒梅浸古銅。暗香浮動，品竹調絃，走斝飛觥。

〔小桃紅〕筵前談笑盡喧闐，一派笙簫動。媚景良辰自情重[2]，抃却醉顏紅,一杯未盡笙歌送。金樽莫側[3],玉山低趄,直喫的涼月轉梧桐。

〔天净沙〕碧天邊掛魄飛騰,銀河外斗柄回東,暢好是更長漏水。梅花三弄,訪危樓十二簾籠。

〔調笑令〕玉容,露春蔥,翠袖殷勤捧玉鍾。絳紗籠燭影搖紅,艷歌起韻梁塵動[4]。都喫的開襟墮巾筵宴中,羅綺叢,醉眼朦朧。

〔尾〕金樽飲罷雕鞍控,暢好是受用文章巨公。比北海福無窮,似南山壽長永[5]。

校記:

[1] 開筵:原刻本《詞林摘艷》題做"閑庭",《雍熙樂府》本不注撰人,題作"壽筵"。

[2] 情重:原刻本《詞林摘艷》作"情縱"。

[3] 金樽:《雍熙樂府》作"金杯"。

[4] 艷歌起韻梁塵動:原刻本《詞林摘艷》無此句,其作"看了這多嬌臉兒堪題詠"。

[5] 此句《雍熙樂府》本"福""壽"二字易位。

〔雙調〕新水令·念遠[1]

燒痕回綠遍天涯,憶王孫去時殘臘。愁垂簷外雨,憂損鏡中花。掘土摶沙,感事自驚訝。

〔駐馬聽〕望眼巴巴,春陌香塵迷去馬。夢魂颯颯,曉窗初日鬧啼鴉。千聲作念湊嗟呀,一絲情景留牽掛。許歸期全是假,秀才每說謊天來大。

〔喬牌兒〕繡雙飛線腳差,描並宿筆尖怕。牡丹亭閑却秋千架,好春光誰共耍?

〔落梅風〕肌消玉,臉褪霞,怎打熬九秋三夏?被薄賺的孤又寡,辜負了小喬初嫁。

〔雁兒落〕誰攔截巫女峽？誰改變崔徽畫？誰糊突漢上衿？誰扯破秋雲帕？

〔得勝令〕身似井中蛙，命似釜中蝦。難把猿心鎖，空將鵑淚灑。情雜，下不的題着他名兒罵。性猾，恨不的揪住他身子打[2]。

〔甜水令〕馬上牆頭，月底星前，窗間簾下，容易得歡洽。案舉齊眉，帶綰同心，釵留結髮，那曾有一點兒褻狎。

〔折桂令〕好姻緣兩意相答，你本是秋水無塵，我本是美玉無瑕。十字爲媒，又不圖紅定黃茶。我不學普救寺幽期調發，你怎犯海神祠負意折罰？生也因他，死也因他，恩愛人兒，歡喜冤家。

〔錦上花〕想着他錦繡充腸，諸餘俊雅。山海填胸，所事撑達。花下低頭，風吹帽紗。月底潛蹤，露濕羅韈。朱絃續有時，寶劍配無價。求似神仙，信似菩薩。纔得相逢，撲絮納瓜。恰早分離，瓶沉珠撒。

〔清江引〕一聲去也没亂殺，少幾句叮嚀話。說歸甚日歸？待罷何時罷？夢兒中見他剛半霎。

〔離亭宴歇指煞〕狂風飄散鴛鴦瓦，嚴霜冷透鸞凰榻，好教我如癡似啞。佳期絕往來，後約無憑準，前語皆欺詐。空傳紅葉詩，枉卜金錢卦，淒涼日加。燕驚飛張氏樓，犬吠斷韓生宅，虎攔住蕭郎駕。悶隨秋夜長，情逐春冰化。待他見咱，算他那狠罪過有千樁，害的我這瘦骨頭没一把。

校記：

[1]《雍熙樂府》不注撰人。

[2]《北宫詞紀》起句上有"呀"字。

聶鏞

聶鏞，字茂先，一作茂宣，自號太拙生，蒙古人，通經術，善詩歌。楊維楨在《西湖竹枝集》裏載其曰："蒙古氏，幼警悟，從南州儒先生問學，通經術，善歌詩，尤工小樂章。其音節慕薩天錫（薩都剌），常與郯韶（九成）等唱和。"大約生活於元中後期，順帝朝前後，與當時著名文士郯韶、顧瑛、楊維楨等均有酬唱。

其自撰詩後曾署"薊丘聶茂宣"，張憲也在《贈答薊丘聶茂宣》中稱他爲"薊門學士燕南豪"，據此蕭啓慶説他："可見其原爲家居燕京之蒙古人。"聶鏞現存詩篇多爲與顧瑛、張經的酬唱之作，並且與當時不少名士有唱和，特別是參與了著名的"玉山草堂雅集"和"良常草堂雅集"，體現了元中後期蒙古族文人學士與漢族文人學士的密切交往情況。

生平事蹟見清錢謙益《列朝詩集小傳·甲前集》，清顧嗣立、席世臣編《元詩選·癸集》下，陳衍輯撰《元詩紀事》。

聶鏞詩歌創作豐富，惜多散佚，留傳較少。清顧嗣立、席世臣編《元詩選》收錄其詩《送張吳縣之官嘉定分題賦得天平山》《碧梧翠竹堂》《虞君勝伯求先世遺書將鋟梓諸作詩以美之》《可詩齋》《律詩二首寄懷玉山》《和西湖竹枝詞》《宮詞》八首。其詩風格意氣縱橫，鋪陳排比，清幽婉麗，刻畫細膩。聶鏞工於宮詞、竹枝詞，並學習薩都剌的創作風格，長於抒情，婉麗細膩。

元楊維楨《西湖竹枝集》中稱聶鏞："其音節慕薩天錫。"清張其淦於《元八百遺民詩詠》評其:"茂宣(聶鏞)自幼通經術,詩歌意氣皆縱橫。集中尤工小樂章,天錫音節同鏗鏘。乃識太拙生巧手,玉山鐵崖盡心傾。"

此次點校詩以清顧嗣立、席世臣編《元詩選·癸集》爲底本,以清張豫章奉敕編《御選元詩》爲校本,詩共計 8 首。

送張吳縣之官嘉定分題賦得天平山

茲山鎮吳會,秀色削金碧。拔地起萬仞,去天不盈尺。劍矛輝日潔,笑落承露滴。龍門啓石扇,天池湛玉液。曾橫松下琴,屢駐雲間舄。于今望山處,蒼蒼暮烟隔。

虞君勝伯求先世遺書將鋟諸梓作詩以美之

宋室中興業,雄才數雍公。一軍能卻敵,諸將恥論功。蚪斗遺文在,麒麟畫像空。賢孫勞購覓,鋟刻示無窮。

可 詩 齋

久知顧況好清吟,結得茅齋深復深。千古再賡周大雅,五言能繼漢遺音。竹聲繞屋風如水,梅萼吹香雪滿襟。何日扁舟載春酒,爲君題句一登臨。

律詩二首寄懷玉山

美人昔別動經年,幾見婁江夕月圓。怪底清塵成此隔,每懷詩句向誰傳。桃溪日暝垂綸坐,草閣秋深聽雨眠。安得百壺春釀綠,尋君還上木蘭船。

虎頭公子最風流,只著仙人紫綺裘。築室愛臨溪側畔,鈎簾坐見水西頭。常時把筆題江竹,最憶看山立釣舟。却羨多才于逸士,清秋不厭與君留。

聶　鏞

和西湖竹枝詞

郎馬青驄新鑿蹄，臨行更贈錦障泥。勸郎莫繫蘇隄柳，好踏新沙宰相隄。

宮　詞[1]

九重天上日初和，翡翠簾垂午漏過。聞到南閩新入貢，雕籠進上白鸚哥。

校記：

［1］清張豫章奉敕編《御選元詩》題作"宮中曲"。

碧梧翠竹堂[1]

青山高不極，中有仙人宅。仙人築堂向溪路，鳥鳴花落迷行蹟[2]。翠竹羅堂前，碧梧置堂側。窗户墮疎影[3]，簾帷卷秋色。仙人紅顔鶴髮垂，脱巾坐受凉風吹。天青露葉净如洗，月出照見新題詩。仙人援琴鼓月下，枝頭棲鳥絃上語[4]。空堦無地著清商，一夜琅玕響飛雨。

校記：

［1］《御選元詩》題作"題碧梧翠竹堂"。
［2］鳥鳴：《御選元詩》作"鶯啼"。
［3］影：《御選元詩》作"陰"。
［4］枝頭：《御選元詩》作"枝上"。

蘭　楚　芳

　　蘭楚芳，又作藍楚芳，西域人，學界有些人認爲其爲蒙古族，有些人認爲其爲色目人，暫從前者。約生活在元中後期。曾官江西元帥。才思敏捷，儀表清秀，爲元季曲壇俊傑之士。他和"唯以填詞爲事"的劉庭信關係篤切，曾在武昌等地賡和樂章，切磋曲技，時人把他倆與唐代掀起新樂府運動的元稹、白居易相提並論。

　　生平事蹟見明賈仲明《錄鬼簿續編》小傳（天一閣藏本）。

　　《蘭楚芳散曲》共收入其小令五首，套數三套。小令包括〔南呂〕《四塊玉・風情》、〔南呂〕《駡玉郎過感皇恩採茶歌・閨情》、〔雙調〕《雁兒落過得勝令・相思》、〔雙調〕《折桂令・相思》；套數有〔黃鐘〕《願成雙・春思》、〔中呂〕《粉蝶兒・思情》、〔中呂〕《粉蝶兒・失題》等。

　　蘭楚芳的散曲創作，皆爲女性題材，是對傳統女性文學創作的強有力衝擊。就女性形象而言，以往進入到文人筆下的女子通常是美若羅敷、驚采絕豔；就女性身份而言，即便不是青樓歌妓，也是貴族少女，極少有鄉村女子的形象描寫或內心世界的刻畫，但在蘭楚芳的散曲世界裏却有農莊女子的粉墨登場，可謂別具一格，另有風采。如小令〔南呂〕《四塊玉・風情》，一反傳統詩詞清詞麗句、意境深蘊之規，直接以農言俚語入曲，乾脆利落，質樸無華，以農村鄉土女子的口吻傾述相戀之情，思情難耐，顯示了化醜爲美、以真易美的審美傾向：

蘭　楚　芳

寫俗情、俗美,把"俗醜"之美引入到散曲創作。①

　　天一閣舊藏《録鬼簿續編》稱其:"江西元帥,功績多著。風神秀英,才思敏捷。"

　　此次點校小令以明張禄輯《詞林摘艷》爲底本,以明無名氏輯《樂府群珠》(明鈔本)、明無名氏輯《盛世新聲》(正德十二年刻本)、明萬曆三十三年刻本《新鐫古今大雅南宫詞紀》六卷、明陳所聞輯《新鐫古今大雅北宫詞紀》(萬曆十二年刻本)、明張栩輯《彩筆情辭》(天啓四年刻本)、明郭勳輯《雍熙樂府》《四部叢刊續編》本爲底本,小令共計9首;套數以明張禄輯《詞林摘艷》爲底本,以明張栩輯《彩筆情辭》(天啓四年刻本)、明郭勳輯《雍熙樂府》(《四部叢刊續編》本),明徐慶卿原稿,清李玄玉更定《一笠庵北詞廣正譜》(清青蓮書屋刻本)爲校本,套數共計3套。

〔南吕〕四塊玉・風情[1]

　　斤兩兒飄,家緣兒薄,積壘下些娘大小窩巢。蒿蔴秸蓋下一座祆神廟。你燒時容易燒,我着時容易着,燎時容易燎[2]。

　　我事事村[3],他般般醜,醜則醜村則村意相投。則爲他醜心兒真博得我村情兒厚。似這般醜眷屬,村配偶,只除天上有。

　　意思兒真[4],心腸兒順,只争個口角頭不囫圇。怕人知羞人説嗔人問。不見後又嗔。得見後又忖,多敢死後肯。

　　雙漸貧[5],馮魁富,這兩個争風做姨夫。呆黄肇不把佳期誤。一個有萬引茶,一個是一塊酥,攬的來無是處。

校記:

　　[1]此四首《盛世新聲》不註撰人,《詞林摘艷》於第一首下註蘭楚芳,《樂府群珠》以四首皆爲蘭楚芳作。

---

① 詳參温斌《俗情鍾女性,散曲新天地——元西域色目人蘭楚芳的散曲創作》,《陰山學刊》2013年第6期。

［2］燎：《樂府群珠》作"他燎"。

［3］我：《樂府群珠》作"你"，前有"又"字，《詞林摘艷》《盛世新聲》作"村"。

［4］［5］《樂府群珠》前有"又"字。

〔南呂〕罵玉郎過感皇恩採茶歌·閨情

蘭堂失却風流伴，倦刺綉，懶描鸞，金釵不整烏雲亂。情深似刀刃剜，愁來似亂箭攢。人去似風筝斷。口則說應舉求官，多因是買笑追歡。從今後，鴛夢兒再休完，魚書兒都休寄，龜卦兒也休鑽。離愁萬般，心緒多端。芳草迷烟樹，落花催雨點，香絮滾風團。陽臺上路盤桓，藍橋下水瀰漫。傍樓一傍一心酸。空憶當時花爛熳[1]，可憐今夜月團圞[2]。

校記：

［1］花爛熳：《樂府群珠》作"風爛熳"。

［2］團圞：《樂府群珠》作"團圓"。

〔雙調〕沉醉東風

金機響空聞玉梭，粉牆高似隔銀河。閑綉牀，紗窗下過，伴咳嗽噴絨香唾。頻喚梅香爲甚麼？則要他認的那聲音兒是我。

〔雙調〕折桂令·相思[1]

可憐人病里殘春，花又紛紛，雨又紛紛。羅帕啼痕[2]，泪又新新，恨又新新。寶髻鬆風殘楚雲。玉肌消香褪湘裙。人又昏昏，天又昏昏[3]，燈又昏昏，月又昏昏。

被東風老盡天台，雨過園林，霧鎖樓臺。兩葉愁眉，兩行愁泪，兩地愁懷。劉郎去也來也那不來[4]。桃花謝也開時節還開[5]。早是難睡，恨殺無情，杜宇聲哀。

校記：

［1］此曲僅《詞林摘艷》註明蘭楚芳作。

蘭　楚　芳

[2] 羅帕：《樂府群珠》作"袖揾"。
[3] 天又昏昏：《樂府群珠》無此句。
[4] 來也：《詞林摘艷》作"那來也"。
[5] 謝也：《盛世新聲》戍集作"謝時節"。

〔雙調〕雁兒落過得勝令·相思[1]

丹楓葉上詩。白雁雲中字。黃昏多病身，黑海心間事。月影轉花枝，香篆裊金獅。翡翠衾寒處，鴛鴦夢覺時。嗟咨，悄悄人獨自；相思，沉沉一擔兒。

校記：

[1]《盛世新聲》無題，不註撰人，兹從《詞林摘艷》。

〔黃鐘〕願成雙·春思[1]

春初透，花正結，正愁紅慘綠時節。待鴛鴦塚上長連枝，做一段風流話説。

〔么篇〕融融日暖噴蘭麝，倩東風吹與胡蝶。安排心事設山盟，準備着鮫綃揾血。

〔出隊子〕青春一捻，奈何羞嬌更怯[2]。流不乾泪海幾時竭，打不破愁城何日缺，訴不盡相思今夜捨。

〔么篇〕看看的捱不過如年長夜[3]，好姻緣惡間諜。七條絃斷數十截，九曲腸拴千萬結。六幅裙攛三四摺。

〔尾聲〕三四摺裙攛且休藉，九迴腸解放些些，量這數截斷絃須要接。

校記：

[1]《盛世新聲》無題，不註撰人。
[2] 羞嬌：《北宮詞紀》作"嬌羞"。
[3] 看看的：《詞林摘艷》《北宮詞紀》無此三字。

〔中吕〕粉蝶兒·思情

他生的如月如花,蕩湘裙一鈎羅襪,寶釵横雲鬢堆鴉。翠眉彎,櫻唇小,堪描堪畫。閑近窗紗,倚幃屏綉簾直下[1]。

〔醉春風〕香細裊紫金爐。酒頻斟白玉斝。銀釭影裹殢人嬌[2]。他生的可喜殺殺,他生的宜喜宜嗔。便有那閑愁閑悶[3],見了他且休且罷。

〔迎仙客〕傍芝蘭吸露花[4],遊宇宙步雲霞[5],我則見窄弓弓藕芽兒剛半扎[6]。踐香塵,踏落花,淺印在輕沙[7],印一對相思卦。

〔紅綉鞋〕有他時一刻千金高價[8],有他時一世兒興旺人家,有他時村的不村殺[9]。臨風三勸酒,對月一烹茶[10],説蓬萊都是假。

〔普天樂〕信步到海棠軒[11],閑行至荼蘼架,引的些蜂喧蝶穰,來往交加。粉臉襯桃杏腮,雲鬢把花枝抹,嬝嬝婷婷花陰下。他若是不言語那裏尋他[12]。他比那名花解語[13],他比那黄金足色,他生的美玉無瑕。

〔耍孩兒〕透春情説幾句知心話,則被你迤逗殺。我心猿意馬,寒窗寂寞廢琴書,苦思量曉夜因他[14]。傲風霜分不開連枝樹,宜雨露栽培出並蒂花,見一日買幾遍龜兒卦。似這般短促促攜雲握雨,幾時得穩拍拍立計成家[15]?

〔三煞〕[16]捧金杯勸醹醑,按銀筝那玉馬,似展開幅吴道子《觀音畫》。他那裹倚欄翠袖凝秋水[17],映日紅裙襯曉霞。但行處人驚訝[18],端的是沉魚落雁[19],閉月羞花。

〔二煞〕[20]笑一笑覺的春自生[21],行一步看的人眼又花[22]。十分愛常帶着三分怕[23],愛的是風流旖旎嬌千種[24],怕的是間阻飄零那半霎。天生下一虎口凌波襪,堪與那俏子弟寒時暖手,村郎君飽後挑牙。

〔尾聲〕[25]若要咱稱了心[26],則除是娶到家,學知些柴米油鹽價,怎時節悶減愁消受用殺。

32

蘭　楚　芳

校記：

　　[1] 直下：《彩筆情辭》作"低下"。
　　[2] 銀釭：《雍熙樂府》《彩筆情辭》作"銀燈"。
　　[3] 便有那：《雍熙樂府》作"便有他"。
　　[4] 露花：《彩筆情辭》作"露華"。
　　[5] 雲霞：《彩筆情辭》作"煙霞"。
　　[6] 我則見窄弓弓藕芽兒剛半扎：《雍熙樂府》作"我則見窄弓弓藕芽兒剛半折"；《彩筆情辭》作"我只見窄弓弓藕芽兒剛半扎"，本套數內"則"字《彩筆情辭》均作"只"。
　　[7] 在：《雍熙樂府》本作"下"。
　　[8] 高價：《雍熙樂府》作"無價"。
　　[9] 有他時村的不村殺：《雍熙樂府》《彩筆情辭》作"有他时村沙的化的不村沙"。
　　[10] 一烹：《雍熙樂府》作"一甌"。
　　[11] 信步：《詞林摘艷》作"迅步"。
　　[12] 那裏：《雍熙樂府》作"無處"；《彩筆情辭》作"何處"。
　　[13] 名花：《雍熙樂府》作"白花"；《彩筆情辭》無此句。
　　[14] 苦思量曉夜因他：《雍熙樂府》作"不由人曉夜思他"。
　　[15] 拍拍：《雍熙樂府》作"便便"。
　　[16] 三煞：《詞林摘艷》《彩筆情辭》作"二煞"。
　　[17] 倚欄：《雍熙樂府》作"倚鸞"。
　　[18] 但行處人驚訝：《雍熙樂府》作"但行處人驚諕"；《彩筆情辭》作"但見處人驚訝"。
　　[19] 端的是沉魚落雁：《雍熙樂府》作"他生的"；《彩筆情辭》作"端的是沉魚落雁他生的"。
　　[20] 二煞：《詞林摘艷》《彩筆情辭》作"一煞"。
　　[21] 笑一笑：《雍熙樂府》《彩筆情辭》作"笑一面不"。
　　[22] 看的人眼又花：《雍熙樂府》作"迗逗人眼倦花"；《彩筆情辭》作"看的人眼倦花"。

[23] 帶着:《雍熙樂府》作"墊着"。
[24] 風流:《雍熙樂府》作"三分"。
[25] 尾聲:《彩筆情辭》同;《雍熙樂府》作"煞尾"。
[26] 若要咱:《雍熙樂府》作"要教咱"。

〔中呂〕粉蝶兒·贈妓[1]

驕馬金鞭,自悠悠未嘗心倦。正閑尋陌上花鈿,過章臺,臨洛浦,與可憎相見。他恰正芳年[2],誤沉埋舞裙歌扇。

〔醉春風〕螺髻紺雲偏,蛾眉新月偃,樽前席上意相投,無半星兒顯顯[3]。姿色兒嬌羞,語音兒輕俊,小名兒伶便[4]。

〔迎仙客〕詩酒壇,綺羅筵,他舉瑤觴笑將紅袖捲。不由咱不留情,剛推的個酒量淺[5]。似這般嬌鳳雛鶯,爭奈教不鎖黃金殿。

〔石榴花〕知他是怎生來天對付好姻緣[6],晝同坐夜同眠,搵桃腮携素手並香肩,撒地殢腼腆[7],我索痛惜輕憐。常則是比翼鳥連理枝雙飛燕[8],蜜和酥分外相偏。一扎脚住定無移轉,他兜的拴意馬我索鎖心猿[9]。

〔鬭鵪鶉〕他愛我那表正容端,我愛他那香嬌玉軟[10]。你看他那雲髻金釵[11],英花翠鈿[12],羅襪凌波底樣兒淺。正少年[13]。俺是那前世姻緣[14],非是今生偶然[15]。

〔上小樓〕他衡一味溫柔軟善[16],無半點輕狂寒賤。常則是眼兒盼盼,脚兒尖尖,越着他那意兒懸懸[17]。若是天可憐[18],得兩全,成合姻眷,盡今生稱了心願。

〔么〕[19]寫情懷詩押便[20],閑嬉酬譚答禪[21]。常記得那錦字機頭[22],金縷聲中,玉鏡臺前。日暖風和,柳媚花濃,深沉庭院,看時節小紅樓當家兒歡宴[23]。

〔滿庭芳〕初來時爭着與他錦纏[24],則爲他那歌謳宛轉。舞態翩躚。憐香心等閑間難窑變[25],着我怎不垂涎?你看他那穩穩重重[26],

蘭　楚　芳

那些兒體面，你看他那安安詳詳罪愆，似一個謫降下的玉天仙[27]。

〔耍孩兒〕浮花浪蕊我也多曾見[28]，不似這風流的業冤[29]。似別人冷定熱牙疼，從今後燒好香禱告青天。則願的有實誠口吐芝蘭氣，無虧缺心同碧月圓[30]。我覷他似那張麗華潘妃面[31]，雖不得朝朝玉樹，也能夠步步金蓮。

〔一煞〕[32]得成合好味況，乍離別怎過遣[33]？有一日那扁舟水順帆如箭[34]，我則索盼長途日窮剩水殘雲外，你則索宿旅店腸斷孤雲落照邊。我這般廝敬重偏心願，只除是無添和知音的子弟，能主張敬思的官員[35]。

〔二煞〕有一日泪汪汪把我扶上馬[36]，哭啼啼懶下船。我不學儒業[37]你也休習[38]針線，我便有那孫思邈《千金方》也醫不可相思病[39]，你便有那女媧氏五彩石也補不完離恨天。徹上下思量遍，你似一個有實誠的離魂倩女[40]，我似那數歸期泣血的啼鵑[41]。

〔三煞〕[42]到別州城不問二三。那謊勤兒敢有萬千[43]。那廝每餓肚皮乾牛糞無分曉胡來纏[44]，你也則索一杯悶酒樽前過[45]，兩葉愁眉時下展，稱不的平生願。你縱然有那千般巧計[46]，也則索權結姻緣。

〔尾聲〕你若是不忘了舊日情，常思着往日的言[47]，你不忘舊情魚雁因風便[48]，你是必休辭憚江鄉路兒遠[49]。

校記：

[1]《盛世新聲》無題，不註撰人。《詞林摘艷》《彩筆情辭》題作"贈妓"，註蘭楚芳作。

[2] 年：《彩筆情辭》作"妍"。

[3] 顯顯：《彩筆情辭》作"險險"。

[4] 伶：《彩筆情辭》作"靈"。

[5] 推的：《彩筆情辭》作"推"。

[6] 知他是：《彩筆情辭》無此三字。

[7] 撒地㾕：《詞林摘艷》作"他撒㾕"；《彩筆情辭》作"他撒地嬌癡"。

〔8〕常則是：《彩筆情辭》作"常只似"。

〔9〕一扎腳住定無移轉,他兜的拴意馬我索鎖心猿：《彩筆情辭》作"一相逢永失無更變,他拴意馬,我鎖心猿"。

〔10〕《盛世新聲》以此二句作〔石榴花〕末二句。《彩筆情辭》此二句無"那"字。

〔11〕你看他那雲髻：《北詞廣正譜》作"你看他那雲鬢"；《彩筆情辭》作"看他那雲髻"。

〔12〕英：《北詞廣正譜》作"鶯"。

〔13〕正少年：《彩筆情辭》作"堪描畫,正少年"。

〔14〕俺是那：《彩筆情辭》作"也是"。

〔15〕非是：《北詞廣正譜》作"也非是"；《彩筆情辭》作"豈"。

〔16〕軟善：《彩筆情辭》作"軟款"。

〔17〕越着他那：《彩筆情辭》作"那更"。

〔18〕天可憐：《詞林摘艷》作"得天可憐"。

〔19〕么：《詞林摘艷》作"么篇"；《彩筆情辭》無此曲名。

〔20〕情懷：《彩筆情辭》作"幽懷"。

〔21〕閒嬉：《彩筆情辭》作"喜聞"。

〔22〕那：《詞林摘艷》《彩筆情辭》無此字。

〔23〕看時：《詞林摘艷》作"有時"。

〔24〕爭着與他：《彩筆情辭》作"爭與"。

〔25〕等閒間：《彩筆情辭》作"等閒"。

〔26〕穩穩重重：《彩筆情辭》作"穩重"。

〔27〕你看他那安安詳詳罪愆,似一個謫降下的玉天仙：《彩筆情辭》作"那安詳謙遜辭言,笑一笑鶯聲囀。這千般婉孌,似謫下的玉天仙"；《詞林摘艷》作"謙遜詞言,笑一笑鶯聲轉,不由人不愛憐,恰似一個謫降下的玉天仙"。

〔28〕我也：《彩筆情辭》無此二字。

〔29〕這風流：《彩筆情辭》作"您風流"。

〔30〕圓：《彩筆情辭》作"懸"。

〔31〕我覷他似那：《彩筆情辭》作"覷他似"。

［32］一煞：《彩筆情辭》作"三煞"。
［33］離別：《盛世樂府》作"別離"。
［34］水順：《盛世樂府》作"山順"。
［35］主張：《盛世樂府》作"生張"。
［36］泪汪汪把我：《彩筆情辭》作"把我泪汪汪"。
［37］學儒業：《彩筆情辭》作"業儒"。
［38］休習：《彩筆情辭》作"莫拈"。
［39］便有那：《彩筆情辭》作"便有一個"。後同。
［40］你似一個有實誠：《彩筆情辭》作"你似個誠實"。
［41］的：《彩筆情辭》無此字。
［42］三煞：《彩筆情辭》作"一煞"。
［43］敢有：《盛世樂府》作"感有"。
［44］乾牛糞：《彩筆情辭》無此三字。
［45］也：《彩筆情辭》無此字。
［46］縱然有那：《彩筆情辭》作"縱有"。
［47］往日的：《彩筆情辭》作"往日"。
［48］你不忘舊情：《彩筆情辭》作"肯尋"。
［49］你是必休辭：《彩筆情辭》作"是必休"。

燮理溥化

燮理溥化，一作燮理普代，字元溥，蒙古斡剌納兒氏。順德王哈剌哈孫族孫，約生活在元成宗至順帝年間。歷任舒城縣達魯花赤、撫州路樂安縣達魯花赤，至元四年（1338）除南臺御史（《廬州府志》卷八）。燮理溥化自幼勤奮好學，曾尊翰林侍講學士揭傒斯爲師，學習經史詩文，泰定初舉湖廣鄉試，四年中進士第，授舒城（今安徽舒城）首理學政。在任期間非常注重文教，天曆二年（1329）在舒城東原北宋傑出畫家李伯時故居龍眠山莊舊基上，建立了一座龍眠書院，講習經史，提倡文教。

生平事蹟見明吳道明修，明杜璁纂《廬州府志》（萬曆三年刻本）卷八、清方湛修，清詹相廷纂《樂安縣志》（康熙二十三年刻本）卷八，元虞集《道園學古錄》卷八《舒城縣學明倫堂記》、卷三十五《撫州路樂安縣重修儒學記》、卷四十《題斡羅氏世譜》，元揭傒斯《揭文安公全集》卷九《送燮元溥序》，李修生主編《全元文》卷一七○一等。

燮理溥化非常尊重揭傒斯。揭傒斯，字曼碩，龍興富州人。名著於時，曾總修遼、金、宋三史，有《揭文安公全集》傳世，燮理溥化曾參與編校此書。

李修生主編《全元文》卷一七○一收其文《樂安縣志序》，輯錄於清方湛修，清詹相廷纂《樂安縣志》（康熙二十三年刻本）卷八。《重修南嶽書院記》，輯錄於民國十三年衡山康和聲鉛印周鏜續修明弘治元年刻本《衡山縣志》卷五、清嘉慶二十五年《湖南通志》卷五十。

此次點校文《樂安縣志序》以清方湛修，清詹相廷纂《樂安縣志》（康熙二十三年刻本）爲底本，《重修南嶽書院記》以周鐸續修明弘治元年刻本《衡山縣志》（民國十三年衡山康和聲鉛印本）爲底本，以清翁元圻等修，清王煦、羅廷彥纂《湖南通志》（嘉慶二十五年刻本）爲校本，文共計2篇。

樂安縣志序

古之郡國皆有誌，所以定區域，辨土壤，而察風俗也。肇自黃帝建國，萬區九丘，尚矣。唐虞三代地不同，而其書則自《禹貢》以及《周官・職方氏》之所掌，孔子述之，亦以其不可廢也。周制，王畿、邦國都鄙之外則爲縣，立正以掌其政令。春秋時，縣大而郡小。暨乎戰國，郡大而縣小。當時雖有郡縣之名，而未嘗廢諸侯之封建也。秦裂都會而爲郡邑，廢侯衛而爲守宰，於是，不曰郡國而曰郡縣，則縣小而亦可以方古諸侯之建也。故范蔚宗作《郡國志》，猶不失其名。然則受牧民之寄者，其可以縣小而視之邪？余以元統癸酉至樂安，愛其山高水清，意必有古人之遺跡，而莫之考。或告余曰："斯邑舊有《鰲溪志》。"因求得數册，乃淳熙及咸淳所緝，編帙散亂，無從披閱，遂以諭鰲溪書院直學李肅精加點校，逐卷增而續之。既成，觀其所封畛之廣狹，山川之遠近，名宦之遊歷，文人之詠，與夫一民一物、一言一行之有關於世教者，靡不載考。是邑之事跡，一寓目而盡得焉，益信郡縣不可無志也。邑士陳良佐率爲鋟梓，余因是而得風物山川之美，又因是而知斯文之盛、好義樂善者之多也，爲題其端云。

重修南嶽書院記 　至正五年十月初一

南嶽書院者，唐李鄴侯讀書之所也。創始於南嶽之左。故宋寶慶年間，運使張嗣可以其近市喧雜，地勢湫隘，徙之集賢峰下，由是書院之制始備。胡文定公父子講明《春秋》於此，宦遊於此。既而晦菴、南軒相與講道唱酬其間,湖南道學於斯爲盛。國家龍興之初,太祖皇帝金戈鐵馬,削平西北;世祖皇帝風飛雷厲,混一海宇。天下龍蟠鳳逸之士興起,倡明道學,於是前代四大書院聿然重興。

其諸先儒過化之區,復賜舊額。斯文之盛,未有過於此時者也。至大戊申,今翰林學士楊公宗飾來爲山長,易敝更新,百廢具舉。後二十二年,爲至順庚午,衡山縣尹石抹允修創益備,山長何鼎復請尹記之,刻石具在。今十有餘年,繼之者屢非其人,上下兩旁,風雨侵淩,棟撓屋壞,視如傳舍。田奪於豪强,而師生無以自給,絃誦之聲幾至廢絶。至正三年秋,今翰林承直歐陽公從子述興教之初,奠謁先聖先師,顧瞻殿堂門廡、齋舍庖庫亦皆傾圮,惕然於懷[1],曰:"學校之廢,責誠在我[2]。"值歲荒,廪稍不給,白之郡縣,俞允其請。乃捐俸爲多士倡,新明倫之堂,甚盛舉也。朝廷作新風憲,命勳舊重臣分鎮諸道。湖南肅政廉訪使帖木兒不花公仗節來振風紀,首以學校之教作養人材、移風易俗爲急務,郡縣學院無不修舉,委憲史譯史王必、石溫日贊襄之,又以承直興學之言語之山長。明年,憲副劉昱行部至邑,山長以其事聞。時湖南道宣慰司同知元帥赤剌馬丹、照磨歐陽遜、天臨路知府事顏普、知事楊文質亦以代祀嶽廟,因造書院。憲副公相與督勸,下其事於縣。縣尉馬聰、典史謝斗祥承命而往,縣尹趙忠力疾復起,民歡趨之。前衡州路經歷埜石帖木兒、嶽市巡檢朱文顯以相山長,度材鳩工,不踰月,而燕居之堂、先賢之祠成。未幾,尹復謝事。縣丞黑沙督餉海運未還,改命主簿李伯淵董役,府委其吏曾果繼促成之[3]。殿門、堂廡、齋舍、庖庫、垣墉、屏闑,黝堊丹臒,不三月而煥然一新。衡雲增高,湘水飛立,山川爲之改觀矣。是役也,非山長以學校爲己任,不能以成其事;非憲府以勉厲爲己任,不能以化其下。上有好者,下必有甚焉。文學孔希舉記其始末,巡檢朱文顯踵門求文記之。嗟乎!自三光五嶽之氣分,而天無全才。仲尼聖人也,有德無位,乃删《詩》《書》,繫《周易》,作《春秋》,明先王之道,以貽後世,其功

燮理溥化

有賢於堯舜者。孟軻氏，學孔子也，亦不得其位，而周流諸國，空言無施，後之學者賴其言，尚知尊孔氏，崇仁義，貴王賤霸，功不在禹下。秦始皇帝焚書坑儒，盡滅先王之道，以智力法律繩民，不足論也。漢有董仲舒，唐有韓愈，各以其學鳴於時。迨至宋時，周、程、朱、張諸儒相繼而作，以續孔孟不傳之緒，而道以明。爲人臣者不知爲學，必以掊克私己爲務，事君必不忠；爲人子者不知爲學，必以悖逆爭鬥爲先，事親必不孝。夫婦無別也，長幼無序也，朋友無信也，是不知爲學之甚也，其可乎哉？傳曰：三代之學，皆所以明人倫也。人倫明於上，小民親於下，此師道之所以立，學校之所以設，其有功於朝廷、生民甚大。今兹書院也，聖人有宮，從祀有廡，先賢有祠，師生有室，而田入於豪強，廩稍之不給，尤不能不望於部使者。至正乙酉十月朔也。

校記：

［1］惕然於懷：原作"惕於然懷"，今據《湖南通志》本改。

［2］責誠在我："誠"，《湖南通志》本作"成"。

［3］府委其吏曾果繼促成之："曾"，《湖南通志》本作"曹"。

達溥化

達溥化，字仲淵（或作仲囦），號鼇海，元末蘢城人。達溥化身處元明之際，在元末東南詩壇享有盛譽。蕭啓慶考證"仲囦"即"仲淵"，"囦"即"淵"之古字，元蒙古人常以其蒙文名首字或次字連綴字號而成漢文名字，因此達溥化亦稱"溥仲淵"或"溥鼇海"。清錢大昕《補元史藝文志》詞曲類所著錄之元詩人"傅仲淵"，應是"溥仲淵"之誤。楊鐮亦認爲其出身於蘢城，又爲國人進士，因此"達溥化"應是漢化的蒙古人。

生平事蹟見元王逢《寄溥鼇海掾郎兼簡宗燈二上人》，元賴良編《大雅集》，清顧嗣立、席世臣編《元詩選·補遺》等。

著有詩集《鼇海詩人集》和詞集《笙鶴清音》（已佚），具體詞作已不可考，只有虞集爲《笙鶴清音》所作序言存於《道園類稿》中。

今傳世本《鼇海詩人集》乃明末清初秀水藏書家曹溶所藏鈔本，清顧嗣立、席世臣編《元詩選》時曾利用該鈔本豐富了其對元代蒙古色目作家的文獻輯錄及研究，現日本靜嘉堂文庫所藏《鼇海詩人集》亦是同一來源。據文獻記載，元代蒙古詩人中曾經把詩篇結集的雖有泰不華《顧北集》、勛實帶《伊東拙稿》、僧家奴《崞山詩集》、月魯不花《芝軒集》等等，但都未能流傳至今，因此《鼇海詩人集》成爲研究元代蒙古族作家漢化程度及其作品風格無可替代的別集。

《笙鶴清音》已散佚，清錢大昕《補元史藝文志》著錄《笙鶴清音》入詞曲類。詞自宋代始或被稱爲近體樂府，以有別於樂府詩。虞集序中寥寥數語高度概括了詞的發展歷程，所列蘇軾、辛棄疾、秦觀、晁補之、賀鑄、晏幾道皆爲北宋或南宋著名詞人，故其所稱達溥化"新樂府數十篇"當稱其詞作，而非其詩。《笙鶴清音》無疑應爲溥仲淵之詞集。蕭啓慶以爲"《笙鶴清音》應爲詩集，清錢大昕誤入詞曲類"，此説似可商榷。

蕭啓慶將《鼇海詩人集》日本靜嘉堂藏本和曹溶所藏鈔本這兩個版本作了比較，發現二者大體相似，應出自同一淵源，並合計各集所收詩歌，共十六首。中華書局整理出版《元詩選·補遺》時曾與顧氏稿本作了對校，二本所録《鼇海詩人集》收詩無異，亦收詩十六首，但未收靜嘉堂本所録《題趙子昂天馬圖》。《鼇海詩人集》現存詩作均爲七律。《元詩選·補遺》所録《鼇海詩人集》十六首七律中，其中《次薩天錫登石頭城韻》《與薩天錫登鳳皇臺》《送劉好士歸武昌》三首又見於元李孝光《五峰集》，但詩題略有不同。

《玉山草堂雅集》卷後一收録三詩歸於李孝光名下，其中各詩雖有異文，但爲同一首詩無疑，其中《送劉好士歸武昌》詩題作《送劉好古歸武昌》（以下各本所録該詩均爲此詩題）。《玉山草堂雅集》乃元末顧瑛編輯於元順帝至正年間，由於選録的是時人之作，資料來源比較可靠，歷來受到詩選家和詩評家的重視。且顧瑛與楊維楨、李孝光、張雨等人交往密切，所編選其詩作較之於他人所録，文獻價值更高。宋緒《元詩體要》是成書於明初的元詩選集，持擇頗爲嚴謹，《送劉好士歸武昌》亦被録於卷十四李孝光名下。清顧嗣立、席世臣編《元詩選·二集·戌集》之《五峰集》收録三詩，但《四庫全書》本《五峰集》未收録《送劉好士歸武昌》，清人冒廣生據遜學齋舊鈔本將《五峰集》編入《永嘉詩人祠堂叢刻》時，在補遺中據《元詩選》收録此詩。

《鼇海詩人集》的成書應爲後人輯録。根據蕭啓慶對靜嘉堂本和顧嗣立稿本的比較推斷，曹溶藏本可能原來没有《大雅集》中的兩首，而是顧嗣立後來録入，而靜嘉堂本原無《題趙子昂天馬圖》，亦系後人據書畫題跋集增加。《鼇海詩人集》輯入三首李孝光作品，蓋因二人同與薩都剌、王逢友善，詩文唱和活動又都在江浙一帶，且李詩亦是後人輯錄，出現誤輯原非偶然。因此《鼇海詩人集》所錄十六首詩歌中除去三首李孝光作品，其傳世詩作至少是十三首（《題趙子昂天馬圖》存疑）。①

達溥化不僅詩名享譽東南，其詞作亦爲時人所推重，虞集《道園類稿》卷十九之《〈笙鶴清音〉序》中贊曰："溥君仲淵，國人進士，適雅量於江海，其在憲府，吟嘯高致，常人不足以知之。予得見其新樂府數十篇，清而善怨，麗而不矜。因其地之所遇感於事，而有發才情之所長，悉以記之。數年前，有薩君天錫，仕於東南，與仲淵雅相好，詠歌之士，蓋並稱焉。今仲淵之作，方爲時所雅重，朝廷制禮作樂，在斯時矣。考之金石，上配雅頌，以來鳳凰，感神靈，將有望於仲淵者，笙鶴之喻其始作乎？"

元賴良編《大雅集》卷七錄其詩《讀班叔皮王命論》與《鳳凰山望朝日》二首。

元王逢五律《寄溥鼇海掾郎兼簡宗燈二上人》贊曰："省郎前進士，裔出素封家。畎畝寸心赤，風塵雙鬢華。玉衡低虎觀，金柳亘龍沙。寺壁詩千首，煩僧覆碧紗。"

如前述，去除誤收李孝光詩三首及存疑《題趙子昂天馬圖》一首，此次點校詩以清顧嗣立、席世臣編《元詩選‧補遺》爲底本，共計12首。

葡　萄

葡萄種子來青羌，十年種得陰覆堂。月明露滴馬乳重，雨過風動虯鬚長。滿盤只疑碧玉顆，入口不異青霞漿。秋風萬里賀蘭道，馳送

---

① 詳參劉倩《元蒙古族詩人達溥化生平及其著作研究》，《民族文學研究》2009年第3期。

紫駝香滿囊。

千　葉　蓮

　　仙掌蓮花千葉朵，何年根蒂落層闌。敲開水府魚鱗屋，捧出龍宮瑪瑙盤。湘老送將雲作蓋，山人留製玉爲冠。繼玄草閣清如水，一夜吟成劍氣寒。

題頤結寺方丈假山

　　仙掌芙蓉紫翠開，玉梯金磴上昭回。玉囊㘈𥥕生靈籟，坤軸支撐盡劫灰。六月寒風森洞壑，九天清氣辟塵埃。莊生誌有莊西論，會與乘風出九垓。

題　滕　王　閣

　　傑閣淨虛云幾層，波心照見碧崚嶒。魚龍水府珠光動，牛斗臺城劍氣稜。地引三江通貢賦，天高五嶺失炎蒸。臨風最想韓星鳳，爲恨平生未一登。

寂照堂荷池二首

　　誰種芙蓉開滿池，清泉十尺淨無泥。雲銷綠水花如斗，露濕金莖實有梯。不見鴛鴦秋作並，只聞翡翠夜深啼。好分無盡燈中火，燒作千枝照大迷。
　　芙蓉花發滿池塘，根蒂猶連七澤香。天女玉盤雲氣濕，仙人金掌露花涼。鴛鴦雨細聞瑤佩，翡翠風高見綠房。楚客煙中魂易斷，只將遠意問瀟湘。

新　夏　偶　題

　　葛巾紈扇日相尋，南國枇杷滿樹金。四月池塘荷葉大，千家窗户綠陰深。蘭苕翡翠多清致，錦樹黃鸝正好音。詩思忽來魂欲斷，吳娃蕩槳過江心。

題 孔 雀

五色文章鳳羽儀，石林菉峻見庭稀。金華翠羽毋空惜，翠竹蒼藤不易飛。瘴海日高方飲啄，龍江秋盡早相依。年年貢入龍樓去，盡化春風錦繡圍。

題倪國祥南邨小隱詩卷

風雨江湖十尺航，汀洲雲樹共蒼蒼。夜春秔稻黃金破，秋釣鱸魚白玉長。二老草堂容可擬，三篙煙水永相忘。干戈滿地東吳少，合把蓴鱸仔細嘗。

游澱湖

日落汀洲采白蘋，采蘋歌唱江南春。登臺雪藕大如臂，出釣白魚長似人。海面雨來雲潑墨，湖中風起浪翻銀。前船欲發後船住，越女聲嬌嗔不真。

讀班叔皮王命論

丹鳳黃龍降自天，玉皇金鼎在遺編。漢王未必從陳勝，秦帝何曾愧魯連。堯聖善推行揖讓，啓賢能繼事相傳。叔皮宏論終天在，好爲群雄一再宣。

鳳凰山望朝日

滄海全吳當百二，坐臨溟渤鬱陶開。日含金霧天邊出，潮捲銀河地底來。雲淨定山浮砥柱，天高秦望見蓬萊。東南檣櫓年來少，獨向江頭一愴懷。

孛　　羅

　　孛羅，爲蒙古軍萬户，元仁宗時在朝居官。文宗時，官御史大夫。順帝元統元年(1333)爲右丞，升平章政事。至元四年(1338)領太常禮儀院使，後辭官。隋樹森《全元散曲》作者小傳載："《新元史·拖雷傳》云：乃剌忽不花子孛羅，大德六年以誣告濟南王，謫於四川八剌軍中自效。七年，以破賊有功，徵詣京師。十年，封鎮寧王，賜金印。延祐四年，進封冀王。"

　　據《元史》和元人文集記載，有元一代名孛羅者甚多，可以結合其散曲作品中所反映的曾做御史官之内容來考證。官御史大夫者，查《元史》等書發現有兩人：一爲元世祖時曾官御史大夫之孛羅，此人在世祖朝先後任御史大夫、大司農、御史中丞兼大司農卿、樞密院副使兼宣徽院使等職，仕途順達。一爲元文宗時官御史大夫之孛羅，文宗圖帖睦爾登基即位後，在即位詔中曾表示"謹俟大兄之至，以遂朕固讓之心"，並遣使迎接其兄和世㻋回朝。文宗天曆二年(1329)，和世㻋得訊南還，並在和林北即帝位，是爲明宗。當明宗南行至上都附近的旺忽察都(今河北張北縣北)時，名義上已經遜位的圖帖睦爾前往迎接，伺機毒死明宗，並於八月復即位於上都。該孛羅曾爲文宗兄和世㻋常侍官，並在其即位稱明宗時被封爲御史大夫。但明宗"暴卒"後，該孛羅很快就被迫辭去了御史大夫之職，不久又遭受殺身之禍。《元史·文宗本紀》載："故丞相鐵木迭兒子將作使鎖住與其弟觀音奴、姊夫太醫使野理牙，坐怨望、造符録、祭北斗、咒詛，事覺，詔中書鞫之。事連前刑部尚書烏馬兒、前御史大夫孛羅、上都留守馬兒及野理牙姊阿納昔木思等,俱伏誅。"

生平事蹟見明宋濂《元史·文宗本紀》,隋樹森《全元散曲》。

孛羅善作曲,今存《〔南呂〕一枝花·辭官》套數一組,包括五支曲,收入明無名氏編《盛世新聲》巳集、明郭勛編《雍熙樂府》卷九(嘉靖四十五年春山刻本)以及隋樹森編《全元散曲》等書中。

孛羅散曲語言通俗流暢又詼諧歡快。其散曲極富藝術特色,他善於用鮮明的形象表現主題、抒發感情。如用"鬧穰穰蟻陣蜂衙""盡燕雀喧簷聒耳"等生動形象的圖畫描寫官場的黑暗;用"撲冬冬社鼓頻撾""他們都拍手歌豐稔"描寫農村社日和慶豐收的場面,用"伴轆轤村翁說一會挺脖子話,閑時節笑咱,醉時節睡咱"描寫村居的樂趣等,都成功地運用形象化的語言表達了作者對黑暗官場的不滿和對村居生活的嚮往。其〔賀新郎〕一曲中用溪水鷗鴨、小橋蒹葭、蘆花瑞雪、紅樹晚霞、落日牛羊等幾個意象,勾畫出一幅恬靜、優美的鄉村圖景,同"鬧穰穰蟻陣蜂衙""盡燕雀喧簷聒耳"的官場情景相比較,更襯托出鄉村風景之情致。

詩人有時也用一些通俗明白的事典,如"麒麟畫""陶令菊""邵平瓜"等,使作品平添了幾分典雅,表現了與元初質樸散曲的區別和向元後期文人化傾向轉變的軌跡。其創作風格豪放雄渾,寫景大筆勾勒,抒情痛快淋漓,格律謹嚴妥帖。散曲雖然來源於民間,但它一旦定型之後,就具有一定的格律要求。孛羅散曲完全合乎格律,如《辭官》套數,字句符合平仄對仗,用韻長達四十多韻,一以"麻"韻貫穿到底,讀來流暢活潑,絲毫没有格律滯礙之感,表現了作者高度的漢文修養和純熟的散曲創作技巧。①

---

① 詳參雲峰《民族文化交融與元散曲研究》,廣西師範大學出版社,2011年版,第179—182頁。

此次套數的點校以元楊朝英編《太平樂府》(景烏程蔣氏密韻樓藏元刻本)爲底本,以明無名氏編《盛世新聲》巳集(正德十二年刻本)、明郭勛編《雍熙樂府》卷九(嘉靖四十五年春山刻本)爲校本,套數共計1套。

〔南呂〕一枝花·辭官[1]

懶簪獬豸冠,不入麒麟畫[2]。旋栽陶令菊,學種邵平瓜。覷不的鬧穰穰蟻陣蜂衙[3],賣了青驄馬[4],換耕牛度歲華。利名場再不行踏[5],風波海其實怕他[6]。

〔梁州〕儘燕雀喧簷聒耳[7],任豺狼當道磨牙。無官守無言責相牽掛[8]。春風桃李[9],夏月桑麻,秋天禾黍,冬月梅茶[10]。四時景物清佳[11],一門和氣歡洽[12]。歎子牙渭水垂釣,勝潘岳河陽種花,笑張騫河漢乘槎[13]。這家、那家,黃雞白酒安排下,撒會頑放會耍。拚着老瓦盆邊醉後扶[14],一任它風落了烏紗[15]。

〔牧羊關〕王大户相邀請,趙鄉司扶下馬[16],則聽得撲冬冬社鼓頻撾[17]。有幾個不求仕的官員[18],東莊措大[19],他每都拍手歌豐稔[20],俺再不想巡案去奸猾[21]。御史臺開除我[22],堯民圖添上咱[23]。

〔賀新郎〕奴耕婢織足生涯,隨分村瞳人情[24],賽强如臺颱風化[25]。趁一溪流水浮鷗鴨,小橋掩映兼葭。蘆花千頃雪,紅樹一川霞,長江落日牛羊下。山中閑宰相,林外野人家[26]。

〔隔尾〕誦詩書稚子無閒暇[27],奉甘旨萱堂到白髮,伴轆轤村翁說一會挺膊子話[28]。閑時節笑咱[29],醉時節睡咱,今日裏無是無非快活煞[30]!

校記:

[1]《盛世新聲》無題,不注撰人。《雍熙樂府》題作"棄職"。

49

［2］不入麒麟畫：元刻本《太平樂府》作"不入麒麟畫"，據《雍熙樂府》改。

［3］鬧穰穰蟻陣蜂衙：元刻本《太平樂府》作"鬧穰穰釵陣蜂衙"，《盛世新聲》作"蟻陣蜂衙"，據《雍熙樂府》改。又明刻本《太平樂府》與《雍熙樂府》同。

［4］賣了青驄馬：《盛世新聲》作"賣了我青驄馬"；《雍熙樂府》作"賣了我這青驄馬"。

［5］再不：《雍熙樂府》作"再不去"。

［6］其實：《雍熙樂府》作"其實的"。

［7］簪：《盛世新聲》作"塵"。

［8］相：《雍熙樂府》作"無"。

［9］春風：《雍熙樂府》作"有春風"。

［10］月：《雍熙樂府》作"景"。

［11］四時景物清佳：《雍熙樂府》作"四時節賞玩堪誇"。

［12］一門：《雍熙樂府》作"一門見"。

［13］河漢乘：《盛世新聲》作"誤泛浮"。

［14］抔着老瓦盆邊醉後扶：《雍熙樂府》作"拌着老盆邊醉後扶"，《盛世新聲》作"我直喫的老瓦盆邊醉後扶"。

［15］它：明刻本《太平樂府》同；《雍熙樂府》作"教"；《盛世新聲》作"交"。

［16］司：《雍熙樂府》作"思"。

［17］聽得：《雍熙樂府》作"聽的"。

［18］求仕：《雍熙樂府》作"求事"。

［19］東莊措大：《雍熙樂府》作"更有那東莊裏醋大"。

［20］都拍手：《雍熙樂府》作"摑着手"。

［21］俺再不想巡案去奸猾：《雍熙樂府》作"再不去巡案裏弄奸猾"。

［22］御史臺開除我：《雍熙樂府》作"是非場除了我"。

［23］堯民圖添上咱：《盛世新聲》前有"則向那"三字。

［24］人情：元刻本《太平樂府》作"人家"。

［25］臺：元刻本、明刻本《太平樂府》均作"墓"。

［26］《盛世新聲》《雍熙樂府》俱無此支。

［27］誦詩書稚子無閒暇：《雍熙樂府》作"誦詩書稚子無牽掛"。

[28] 伴轆轤村翁説一會挺膊子話："説"，《盛世新聲》作"講"；"膊"，《盛世新聲》作"匍"。

　[29] 咱：《盛世新聲》作"耍"。

　[30] 今日裏無是無非快活煞："今日裏"，《雍熙樂府》作"到大來"；"煞"，《盛世新聲》作"殺"。

同 同

同同(1302—1358)，字同初，玉速帖木兒之子。居真定(今河北正定)。元文宗至順年間(1330—1333)舉鄉試。元順帝元統元年(1333)癸酉科狀元及第。明宋濂等撰《元史・選舉志一》載同同爲元統元年右榜進士第一。登第後授集賢修撰，尋遷翰林待制。後出爲江西廉訪司經歷。至正十八年(1358)，農民軍陳友諒部攻陷郡城，被殺。

生平事蹟見明宋濂《元史・選舉志一》，陳衍輯撰《元詩紀事》卷二十四。

同同是遷居中原的蒙古人，對漢文化有較深的造詣，特別是對古曲詩詞興趣更爲濃厚。元末著名詩人楊維楨説："同初詩多臺閣體，天不假年，故其詩文不多行於時。"僅存詩《宫詞》《和西湖竹枝詞》一首，收入清顧嗣立、席世臣編《元詩選・癸集》。李修生主編《全元文》卷一七〇五收其《對策》一文，輯於元無名氏輯《元統元年進士録》。

此次點校詩以清張豫章奉敕編《御選元詩》爲底本，以清顧嗣立、席世臣編《元詩選・癸集》爲校本，詩共計1首；文以元無名氏輯《元統元年進士録》爲底本，文共計1篇。

和西湖竹枝詞

西子湖頭花滿煙，共郎日日醉湖邊。青樓十丈鈎簾坐，簫鼓聲中看畫船。

對　策

　　臣對：陛下發德音下明詔，持盈守成之道，遠稽三代近祖宗，皆非愚臣所能及也。然先民有言：詢于芻蕘。臣敢不悉心以對。臣伏讀制策曰，古人有言："得天下爲難，保天下爲尤難。"自古持盈守成之君莫盛於三代，夏稱啓能敬承繼禹之道，殷稱賢聖之君六七作，周稱成康能致刑措。夫以禹之功而惟啓，以文武之德而惟成康，賢聖之君之衆莫若殷，亦不過六七而已。其後，惟漢之文景而言"文景之治"，猶不得比之三代，善繼承者何若斯之難也。臣聞自古有天下者，創業至難，守成尤難。何也？天將有以大奉而王天下，必先使之勤勞憂苦、涉險蹈阻，功加百姓，德澤及四海，然後授之大寶，以爲天下之誼主。是故人之情僞，事之得失，稼穡之艱難，前代之興廢，靡不歷覽而周知。蓋操心常危而察理也精，慮患常深而立法也詳，故能平一四海而無不致治者。守成之君兢兢業業，恪守先王之憲章，猶懼不治，況自深宮而登大位，習於宴安，不復知敬畏。貴爲天子，富有四海，便佞日親，師保日疏。聲色、貨利、游畋、土木與夫珍禽異獸，所以惑志而溺心者，不可勝數。管仲所謂宴安鴆毒是也。苟非剛明而大有爲者，詎不爲其所動。其間間有足以有爲之資，則其頌功德、稱太平、奏豐年、獻祥瑞者，投間抵隙，接踵於朝廷。於是志驕氣盈，窮兵黷武，以祖宗之法爲不足法，好大喜功，紛更變□，至失厥位而墜厥宗者，比比又如此。是故禹、湯、文武大聖也，自累世積德而有天下，至難也。以天下相傳，大事□□能繼禹之功者，惟有啓；承文武之德者，惟成康。聖賢之君之於湯殷六七而已。以聖人有天下，能繼其後者止如此。況漢文景景繼高帝之治乎？由此言之，繼世之君有能持盈守成而不廢先王之道者，可謂難也已。《詩》曰："不愆不忘，率由舊章。"《書》曰："監乎先王成憲，其永無愆。"此之謂也。

　　臣伏讀制策曰：我祖宗積德累世，至于太祖皇帝肇啓土宇，建帝號，又七十餘年，世祖皇帝始一天下，以致至元之治，厥惟艱哉。顧予沖

元明清蒙古族漢文創作敘錄及散存作品輯録

人,賴天地、祖宗之靈,紹膺嫡統繼承之重,實在朕躬,夙夜兢兢,未獲其道。臣惟我國家積德千萬世,與天無疆,至太祖皇帝受明命,興王基,建帝號於朔方,又七十有餘歲,世祖皇帝聖德神功,方能一天下,以成至元之盛治,王業之成何其難也。如此今也繼承之重,託之□□□□□□□臣。□□□□□□□□□□□皇帝陛下英姿天纘,聖德日新,民情世態之熟識,險阻艱□□之備嘗,歷數在□□□□□□□□心之所歸,謳歌者咸曰:吾君之子也。朝覲者咸曰:吾君之子也。先帝之所顧命,慈極之所眷注,宗王之所推崇,股肱大臣之所翼戴,陛下其時邈在蠻烟瘴雨之鄉,夫豈有黃屋左纛之念哉。昊天成命,默定於蒼蒼也久矣,推之而不可推,辭之而不可辭。飛龍在天,□□□□□□□□□聖作物覩,天下皆以至元之治,復望於今日。陛下所以汲汲有爲,以副天下之望者,當如何哉!制策有謂:夙夜兢兢,未獲其道。臣讀至此,頓首稱賀,有以見陛下謹持盈守成之心矣。充此心而力行之,行之不已,而求其至焉。雖禹湯文武,無以過也,又豈有不獲者哉!《詩》曰:"夙夜匪懈。"《書》曰:"懋哉,懋哉。"此之謂也。

臣伏讀制策曰:子大夫通今學古,其求啓之所以敬承,六七君之所以稱賢聖,成康之所以致刑措,其道安在?文景之所以不及三代,其故何由?及今日之所以持盈守成,孰先孰後,孰本孰末?何以致刑措,稱賢聖,繼祖宗之盛?悉心以對,毋有所隱。臣學不足以考古,識不足以通今,草茅微賤,何足以及此,而切有志焉。嘗聞之三代之後得天下也,以仁治天下,亦以仁子孫繼之,何敢加毫末於是哉?不過存敬畏,守成實而已。昔啓之繼禹也,遵其道而敬承之,左右皆禹之舊臣相與輔之,啓又能尊親而禮任焉。故能繼其道而不廢,□□□□□可顧。又曰:予臨兆民,凜乎若朽索之馭六馬,啓之所以敬承者此也。陛下以是□□□□之敬承之道,無以加矣。臣聞大甲嗣湯伊□□□阿衡而告戒啓沃者,無非成湯日新之功,大甲能守之,繼是者能行之,所以繼治。《書》曰:"苟日新,日日新,又日新。"

54

又曰："顧諟天之明命。"賢聖之所以繼作者此也。陛下以是力行之，六七君之稱賢聖不得專美於商矣。臣聞成王繼文武之位，周公作禮樂行土政。成王克遵文武之德，康王又克守之，教化大行，刑措不用。《書》曰："庶獄庶慎。"又曰："心之憂危，若蹈虎尾，涉乎春冰。"成康之所以致刑措者，此也。陛下以是而力行之，則刑措矣。臣聞治天下莫大於仁政，而仁政莫先於教養。故三代之相承也，莫不制田里、教樹畜，命訓迪之官，任敦典之責，漸民以仁，摩民以義，節民以禮。民知禮義而不犯法，然後刑罰輔之，以正其不正者耳。無非先德教而後刑罰也。漢高帝得天下，秦俗未盡革，專刑威而棄教化，不事《詩》《書》，不尚節義，何以為子孫法？文帝繼其後，其恭儉慈愛雖足以化下，然賈誼勸其興禮樂、行仁義，則辭曰未遑。景帝忠厚之風又不及文帝。文景雖曰能守成，僅能守漢之成憲耳，何敢比隆於三代乎？孔子曰："道之以政，齊之以刑，民免而無恥。道之以德，齊之以禮，有恥且格。"由此觀之，德、禮本□□也；刑、政末也，本宜頭而末宜後也。陛下先其本後其末，德教化行，禮樂興，由之而致刑措，由之而稱聖賢，由之而繼祖宗之盛，在一轉移間耳。臣切觀祖宗所積之德，即文武之德；祖宗所成之功，即大禹之功，聖聖相承，以繼盛治，不特如殷之六七君之賢聖，陛下持盈守成，亦繼志述事而已矣。承悅慈極，尊任師傅，博求賢能，修明庶政，進敦篤，退浮華，謹訪問，納規諫，以天下之耳目為之視聽，以天下之心志為之思慮。萬國至廣也，吾為天地以容之；萬民至衆也，吾為日月以照之。人之所欲者安也，吾為行仁政以安之；人之所欲者富也，吾為崇節儉以富之；人之所欲者壽也，吾為隆教化、興禮讓，使之趨善遠罪以壽之。立經陳紀，不以小有故而沮撓；發號施令，不以小利鈍而變更。次第而行之，強力以守之。念祖宗之勤勞，致王業之不易，慎終如始，必其成功。心即祖宗之心，治即祖宗之治，將見功高大禹，德并文武，日新又新，同符成湯，保天下之事備矣，持盈守成之道至矣。臣愚戇不足以奉大對，惟陛下裁擇。臣謹對。

圖帖睦爾

圖帖睦爾(1304—1332)，孛兒只斤氏，元文宗，蒙古語稱劄牙篤皇帝。武宗海山次子，明宗和世㻋之弟也。英宗時出居海南，泰定帝時召還，封懷王，居建康，後遷江陵（今湖北）。致和元年(1328)七月，泰定帝歿，九月，圖帖睦爾承帝位於大都，改元天曆。期間在燕帖木兒及其所屬欽察集團和一部分武宗舊部的支持下，擊敗王禪、倒剌沙等，取上都；接着又調兵平定了四川、雲南的反對集團。初，武宗長子和世㻋在仁宗時被迫出走，圖帖睦爾在即位詔中曾表示："謹俟大兄之至，以遂朕固讓之心。"天曆二年(1329)，和世㻋得訊南還，在和林北即帝位，是爲明宗。當明宗南行至上都附近的旺忽察都（今河北省張北縣北）時，名義上已遜位的圖帖睦爾與燕帖木兒前往迎接，伺機毒死明宗。於是圖帖睦爾復於八月即位於上都。

生平事蹟見明宋濂撰《元史》，清顧嗣立、席世臣編《元詩選》初集上卷首，陳衍輯撰《元詩紀事》卷一。

其在位期間，大權旁落於燕帖木兒，他日與文士交往於翰墨間，在文治方面有突出的成就。注重文化建設，創建奎章閣，編修《經世大典》，封贈先儒，招用著名文人學士，研討詩文典籍等。他具有較高的漢文化修養，擅長詩書畫。清顧嗣立、席世臣編《元詩選·初集》上卷首，收其《自集慶路入正大統途中偶吟》七絶、《登金山》七律二首，又《青梅詩》一首。王叔磐、孫玉溱著《古代蒙古族漢文詩選》及

《元代少數民族詩選》錄其《望九華》一首。其詩作具有較高藝術水準，受到評家稱讚。清顧奎光、陶翰、陶玉禾評此詩曰："真情本色，不雕飾而饒詩意，賦早行者，無以逾之。結語尤見帝王氣象。"可謂精當評語。

李修生主編《全元文》卷一五八九收其《諭中外官員》《即位詔》《敕諭中外》《諭御史臺詔》等五十八篇詔令，輯自《元史》《大元聖政國朝典章》《元朝典故編年考》等。

此次點校詩以清張豫章等編《御選元詩》爲底本，以清顧嗣立、席世臣編《元詩選·初集》爲校本，詩共計 4 首。

自集慶路入正大統途中偶吟

穿了氈衫便著鞭，一鉤殘月柳梢邊。二三點露滴如雨，六七個星猶在天。犬吠竹籬人過語，雞鳴茅店客驚眠。須臾捧出扶桑日，七十二峰都在前。

登 金 山

巍然塊石數枝松[1]，盡日遊觀有客從。自是擎天真柱石，不同平地小山峰。東連舟檝西津渡，南望樓臺北固鐘[2]。我欲倚欄吹鐵笛，恐驚潭底久潛龍。

校記：

[1] 數：《元詩選·初集》作"樹"。
[2] 鐘：《元詩選·初集》作"中"。

青 梅 詩

自笑當年志氣豪，手攀金杏弄金桃。滇南地僻無佳果，問著青梅價也高。

望 九 華

昔年曾見《九華圖》，爲問江南有也無？今日五溪橋上見，畫師猶自欠工夫。

泰 不 華

　　泰不華(1304—1352)，字兼善，伯牙吾臺氏，學界有些人認爲其爲蒙古族，有些人認爲其爲色目人，暫從前者。初名泰普化(或譯作達普化、達溥化)，文宗賜以今名。世居白野山，遂自號白野。其父塔不臺始家居台州。至治元年(1321)，賜右榜進士第一，授集賢修撰，累轉監察御史。順帝初，興修宋、遼、金三史，擢禮部尚書。至正八年(1348)，方國珍兵起，江浙行省參政朵兒只班被執，上招降狀，詔泰不華察實以聞。具上招捕之策，不報。十一年，遷浙東道宣慰使都元帥，與左丞孛羅帖木兒夾攻國珍。孛羅先期至，爲所執，尋遣大司農達識帖睦邇招之，國珍偽降。泰不華請攻之，不聽。改台州路達魯花赤，十二年三月，國珍襲之澄江，九戰死之，年四十九。贈行省平章政事、魏國公，諡"忠介"。立廟台州，賜額"崇節"。①"兼善好讀書，以文章名。善篆隸，溫潤遒勁，盛稱於時。自科舉之興，諸部子弟類多感勵奮發，以讀書稽古爲事。迨至正用兵，勳舊重臣與有封疆之責者往往望風奔潰敗衂，遁逃之不暇。而挺然抗節，秉志不回，乃出於一二科目之士，如達兼善、余廷心者，其死事爲最烈，然後知爾禄豢養之恩，不如禮義漸摩之澤也。故論詩至元季諸臣，以兼善爲首，廷心次之，亦足見二人之不負科名矣。"(《元詩選初集·庚集》)

　　生平事蹟見明陶宗儀《書史會要》卷七，元虞集《送達溥化兼善赴

---

① 詳參泰不華《顧北集》卷首《泰不華小傳》。

南臺御史詩序》《道園類稿》卷二），元蘇天爵《答達兼善郎中書》《滋溪文稿》卷二十四），元吳師道《辛酉進士題名後題》《禮部集》卷十八），元黄溍《沿海上副萬户石抹公神道碑》《金華黄先生文集》卷二十七），元陶宗儀《南村輟耕錄》，元王士點、商企翁編次《秘書監志》，明宋濂《元史》卷一百三十四，明馮從吾《元儒考略》卷四，明黄宗羲《宋元學案》卷八十二，清顧嗣立、席世臣編《元詩選・初集》。

著有《顧北集》。今有康熙刻、嘉慶光緒增修《元詩選》本《顧北集》一卷；明萬曆刻《宋元四十三家集》本《泰顧北詩集》一卷。

顧瑛輯《草堂雅集》卷六收其七律《題柯敬仲竹》一首、七絕《梅竹雙清圖》一首；孫元理編《母音》卷九收其七律《上尊號聽詔李供奉以病不出奉寄》一首；錢穀編《吳都文粹》卷續二十六收其七絕《題玉山所藏水仙畫》一首；李時漸編《三台文獻錄》卷二十三收其七律《雪》《宿龍潭》《和年弟聞人樞京城雜詩》（其一、其二、其三、其四）共六首。清顧嗣立、席世臣編《元詩選・初集》錄其詩《衡門有餘樂》《桐花煙爲吳國良賦》《衛將軍玉印歌》《送友還家》《賦得上林駕送張兵曹二首》《陪幸西湖》《春日次宋顯夫韻》《上尊號聽記李供奉以病不出》《送趙伯常淮西憲副》《寄姚子中》《春日宣則門書事簡虞邵庵》《寄同年宋吏部》《與蕭存道元帥作秋千詞分韻得香字》《送瓊州萬户入京》《絕句二首》《題祁真人異香卷》《送劉提舉還江南》《送新進士還蜀》《送王奏差調福州》《題〈梅竹雙清圖〉》《題柯敬仲竹二首》二十四首。《元西域人華化考》卷五《美術篇》稱：“近年海上有珂羅版印《元八家法書》，中有泰不華行書《贈堅上人重往江西謁虞閣老》七言律一首，爲《元詩選》《顧北集》所未載。”

散文有明趙琦美《趙氏鐵網珊瑚》卷十三收錄之《題睢陽五老圖卷》，明程敏政編撰《新安文獻志》卷一百上收錄之《書李孝光漢洛陽令方聖公儲傳後》，清張照等編《石渠寶笈》卷二十九收錄之《題宋韓琦尺牘》，清倪濤等撰《六藝之一錄》卷四十四收錄之《題宋范文正公書伯夷頌》、卷四十五收録之《題范文正公與師魯二帖》。

尚有散見於雜著、金石、方志的表、記，元王士點、商企翁編《秘書監志》卷八録其《正旦賀表》；北京師範大學古籍所主持編纂的《全元文》卷一五九一録《台州金石録》卷十二之《重建靈溥廟記》、清鄭僑修，清唐徵麟等纂《上虞縣志》（康熙十年刻本）卷五之《上虞縣學明倫堂記》；清張三異修，清王嗣皋纂《紹興府志》（康熙十二年刻本）卷十三之《禱雨歌》。

李修生主編的《全元文》，卷一五九一收其文《禱雨歌序》《題范文正公書伯夷頌卷後》《題范文正公與尹師魯二劄卷後》《書李孝光漢洛陽令方聖公儲傳後》《重建靈溥廟記》《明倫堂記略》，共計六篇。輯録於《元史》《大元聖政國朝典章》《元朝典故編年考》《永樂大典》等。

清顧嗣立撰《寒廳詩話》稱其：“與雅正卿、馬易之、達兼善、余廷心諸公，並逞詞華，新聲豔體，竟傳才子，異代所無也。”

元蘇天爵《題兼善尚書自書所作詩》中說：“白野尚書向居會稽，登東山，泛曲水，日與高人羽客遊。間偶遇佳紙妙墨，輒書所作歌詩以自適，清標雅韻，蔚有晉唐風度。”

明胡應麟《詩藪》外編卷六：“達兼善絕句，溫靚和平，殊得唐調。二人（皆指餘闕）皆才藻氣節兼者。”

程敏政《篁墩文集》卷十九《陳塘寺彌陀殿重修記》：“仇公本名大都，朔庭貴族，而自署曰仇鉉。亦猶狀元忠介公本名臺哈布哈（泰不華），而自署曰達兼善；酸齋學士本名哈雅（海牙），而自署曰貫裕。實勝國之中世彌文也。”

《淵鑒類函》卷一百八十二楊維楨《挽達兼善御史》：“黑風吹雨海冥冥，被甲船頭夜點兵。報國豈知身有死？誓天不與賊俱生。神遊碧落青騾遠，氣挾洪濤白馬迎。金匱正修仁義傳，史官執筆淚先傾。”

危素《危太樸文集》載《挽達兼善》詩曰：“大將忠精貫白日，諸生攬涕讀哀詞。天胡不隕楊行密？公恨不爲張伯儀。滿眼陸梁皆小醜,甘心一死是男兒。要知汗竹留芳日,只在孤舟淺水時。"

岑安卿《栲栳山人集》卷上《懷古》:"嗟嗟白野公,肝腦污泥塗。見道固明白,殺身似模糊。"《僑吳集》卷七《追薦故元帥達公亡疏》曰:"斬賊拼死,人臣之大節凜然;請佛證明,朋友之交情痛甚。竊念物故中奉大夫、浙東道都元帥白野達兼善先生,以科名甲天下,以行義著朝端。潔白之操,寒於冰霜;清明之躬,炳乎日月。切磋斯至,殊有得乎聖心;敭歷雖多,不少罹於官謗。使久居廊廟,必有益寰區。奈東觀未築之鯨鯢,鍛魏闕孤騫之鷟鳳。身後纔一息,能續蔡中郎之傳;眼前方百罹,誰念顔杲卿之死?"

胡行簡《樗隱集》卷五《方壺詩序》曰:"西北貴族聯英挺華,咸誦詩讀書,佩服仁義。入則謀謨帷幄,出則與韋布周旋,交相磨礱,以刻屬問學,蔚爲邦家之光。至元、大德間,碩儒鉅卿前後相望。自近世言之,書法之美,如康里氏子山、扎刺爾氏惟中;詩文雄混清麗,如馬公伯庸、泰公兼善、余公廷心,皆卓然自成一家。其餘卿大夫士以才諝擅名於時,不可屢數。"

此次點校文《禱雨歌序》以清張三異修,清王嗣皋纂《紹興府志》(康熙十二年刻本)爲底本,《題范文正公書伯夷卷頌後》《題范文正公與尹師魯二札卷後》以清吳升《大觀錄》(民國九年武進李氏鉛印本)爲底本,《書李孝光漢洛陽令方聖公儲傳後》以明程敏政編《新安文獻志》(文淵閣《四庫全書》本)爲底本,《重建靈溥廟記》以清黃瑞輯,清王棻校正《台州金石錄》(民國五年嘉業堂刻本)爲底本,《明倫堂記略》以清鄭僑修,清唐徵麟等纂《上虞縣志》(康熙十年刻本)爲底本,文共計6篇。

禱雨歌序[1] 至正三年

至正三年,余守越。夏六月,不雨。率僚遍禱群望,又不雨。河流且竭,歲將不登,心甚憂之。父老或進曰:"郡有楊道士者,能以其術致雲雨,盍請試之?"余信道不篤,又以百姓故,遂設壇長春宮,禮致道士如父老言。既而天果雨,獲免於饑。因作歌以紀其實,復以報道士。

校記:

[1]此文輯自清康熙十二年《紹興府志》卷十三。

題范文正公書伯夷卷頌後[1]　　後至元三年九月十五日

魏國文正范公在宋朝爲名臣,稱首當時,論者或直以爲聖人,或方之以夔、禼,是豈泛然而爲之言哉?觀魏公出處始終,大節一合乎道,其豐功盛德,焕乎簡册,若日星之不可掩,山嶽之不可齊,與天地相爲悠久,其窮理盡性以至於命者歟?今觀魏國所書《伯夷頌》,筆法森嚴,真可與《黄庭》《樂毅》等書相頡頏。是則魏公非特于德行功業超然傑出,其于書法亦造乎其極者也。然公不他書,而書韓子《伯夷頌》者,尤見公切切於綱常世教,未嘗一日而忘也。披玩再三,令人斂衽起敬。至元年三年後丁丑歲秋九月望,後學泰不華謹書。

校記:

[1]此文輯自民國九年武進李氏鉛印《大觀錄》卷三。

題范文正公與尹師魯二札卷後[1]　　後至元三年九月十五日

范文正公以論事忤執政,遂落職知饒州。於時直范公者相屬於朝,尹師魯亦自請同黜,可以見一時賢才之盛矣。師魯既貶監郢州税,觀范公二書中語,略不及當時事,亦不以師魯因己被黜而加存問。蓋范公所論爲國也,而師魯之請以義也,是豈有一毫私意於其間哉?書末云"惟君子爲能樂道",前賢之用心於此可見矣。二帖筆力遒勁,有晉人遺意,尤非泛泛於書者,范氏其世寶之!至元三年丁丑歲秋九月望,後學泰不華書。

校記：

[1] 此文輯自民國九年武進李氏鉛印《大觀錄》卷四。

書李孝光漢洛陽令方聖公儲傳後[1]　至正四年正月十五日

按，劉昭引儲策傳《五行志》，儲則董子、夏侯勝、翼奉之徒，明於菑異、五行之説者也。史臣乃不爲儲作傳，宜乎？世祠之而稱其爲神仙焉。鄉非張鷟撰《黟侯碑》少見儲事，安知其爲賢哉？予讀李季和所著傳，頗推鷟言，爲之足備闕遺。先師所謂語人而不語神，庶幾近之。時至正四年歲戊寅正月望日，白野泰不華書。

校記：

[1] 此文輯自文淵閣《四庫全書》本《新安文獻志》卷一百上，題目係魏崇武代擬。

重建靈溥廟記[1]　乙亥　元統三年

相古明王建祭法，秩百神而祀之，山川能出雲，爲風雨，見怪物，皆所秩也。赤頰潭在臨海縣南絶壑，神龍居之，欝欝常有雲氣。宋元祐中，禱雨，有金龜之應，錫封其神曰："豐澤靈濩顯應侯"。揆古祭法，爲有合焉。有廟在法海寺右偏西，上賜額"靈溥"。故事：旱乾禱于廟，始克登潭求靈應，若龜魚蛇能蛙蝎之屬，祠之則雨速降。歲久廟圮，神棲于寺。寺距潭復一舍遠，厓傾谷黝，登者率憚之。元統改元癸酉夏六月，不雨。縣典史澄江朱君圭齊袚宿寺下，將入山，衆以險阻白。朱君曰："民以穀爲命。穀就槁，民命懸旦暮，吾獨能自愛乎？"即披荆棘、冒百險至潭所，再拜稽首，請命。少焉，嵐霧晝冥，水忽湧溢没踵，陰氣肅肅砭肌骨。衆僵立迷愕，求引退。朱君哀籲益虔，曰："吾不得靈應，不返也。"俄有青虵躍入器中，蜿蜿蜒蜒，若顧若答。出山，雷驅電繞，甘澤周溥，歲以大有。越明年，夏復旱。往禱如初，厥應惟不爽。朱君曰："是不可以無報靈德也。"乃輟既稟，闢舊址，作新廟十二楹。內爲神寢，視昔制加壯。刻木象神，以資憑附。是年秋九月，廟成，集里中聞姓行寧侑禮，大合樂薦祼，降登有數，神不吐于享。耆老聚觀歎息，不圖復見雩宗之舊。蓋將永賴以弗暵潦，獲豐年焉。廟之陽爲紫巖山，余同舍周君潤祖隱居山中。余嘗過周君，爲道神跡，余聞而韙之。既敘厥攸作，復繹之曰：龍於天壤間爲用最大，雨土殖穀，化沴爲穰，俾民用粒食。其變化離合，與元氣相降升，茫洋旁魄，邈乎其無方也。然假之必有其道，在《易·渙》之貞，風其悔水，風行水上，其象爲享帝立廟。蓋渙者，散也。廟所以拯渙也，齊於斯，禜於斯，聚神氣於斯。君子謂朱君之作是廟也，其知所以交於神明之道已夫，固宜人神允孚、顯覒屢答也。用勒之貞石，以訊夫後之禜禱者。元統三年龍集乙亥夏五記。

校記：

[1] 此文輯自民國五年嘉業堂刻本《台州金石錄》卷十二。

明倫堂記略[1]

國家慎選守令，輒侍從論思之臣出理郡邑。翰林應奉林君希元任上虞尹，至官，一切期與民休息。朔望謁先師廟，與文學師生講求治要。顧瞻明倫堂棟宇摧撓，慨然曰："學校未興，德化弗流，若何稱塞？"屬歲少稌，無以給費。乃與達魯花赤佛家兒議捐俸金以倡之，參佐僚吏莫不樂從，邑人占藉于學及家饒而好義者各出私錢來助，合所得緡錢五千有奇。諏日庀工，撤而新之。度材必良，陶埴必堅。基構樸斲，杇填塗墍，靡不完好。凡爲堂三間，高壯深廣，度越舊制，用可經久。興工於至正十一年十有二月丙子，明年五月丁亥落成。教諭朱榘疏事，屬余識之于石。按，上虞有學，始于宋之慶曆，重建于淳熙。堂則嘉定甲申所創也。國朝大德十一年，令阮惟貞以庫隘，得民故材，改作焉。逮茲五十年，漸致圮壞。玩歲愒日，補茸相承。縣令以興學爲事,率之以義,人用趨勸,不數月,而堂構一新,俾師弟子得以安居講肄,宜矣。今夫環千里而郡,百里而邑,莫不建學立師。學之所以明人倫者,豈惟(下闕)。

校記:

[1] 此文輯自清康熙十年《上虞縣志》卷五。

察伋

察伋(1305—?)，一作察級，字士安，蒙古塔塔耳氏，自號"海東樵者"，家有"昌節齋"，萊州掖縣(今屬山東)人。其曾祖合納爲武略將軍，祖父月禄普化、父帖木兒，均爲元臣。察伋於惠宗元統元年(1333)中進士，後入國史院授職編修。曾任南臺監察御史及江西、浙東廉訪檢事。

清顧嗣立、席世臣編《元詩選·癸集》收録其詩《題錢舜舉秋江待渡圖》《送別曲》《題張溪雲竹圖》三首。明偶桓編《乾坤清氣》收録其詩《趙子昂天馬圖》一首。

察伋能詩能畫，與顧瑛、來重禪師等多有唱和。與元末著名詩人王逢等人交往甚密，王逢曾作《簡察士安御史》詩，讚頌其才學及德行。

此次點校詩《題錢舜舉秋江待渡圖》《題張溪雲竹圖》以清顧嗣立、席世臣編《元詩選·癸集》爲底本，《題趙承旨番馬圖》以楊鐮主編《全元詩》爲底本，《送別曲》以明偶桓編《乾坤清氣》卷九(文淵閣《四庫全書》本)爲底本，詩共計 4 首。

題錢舜舉秋江待渡圖

大江微茫天未曉，散綺餘霞出雲表。亂山滴翠露華寒，隔樹人家茅屋小。

行人欲發待渡舟，垂綸獨釣磯上頭。感時撫卷寄遺意，蘆花楓葉瀟瀟秋。

題趙承旨番馬圖

曲江洗刷雲滿身，雄姿逸態何超群。眼中但覺肉勝骨，幹也何讓曹將軍。嗟哉今人畫唐馬，藝精亦出曹韓下。玉堂學士重名譽，一紙千金不當價。山窗擁雪觀畫圖，據鞍便欲擒於菟。天厩真龍有時有，老杜歌行絕代無。

題張溪雲竹圖

太湖山石玉巑岏，偃蹇長松百尺寒。明月滿天環珮響，夜深風雨聽飛鸞。

送 別 曲

曈曨出榑桑，照見大黑洋。直升中天上，萬國蒙清光。三山樓閣蓬萊東，丹霞翠壁金芙蓉。鴻濛凝結古元氣，我欲往遊從赤松。剡郎朝玉京，船開南風生。海頭撾鼓人起舞，椎牛釃酒祈神明。遠寄平安書，十日到直沽。阿翁髮半白，莫醉黃公壚。

囊加歹

囊加歹,字逢原,蒙古人,居濟陽(今屬山東)。元統元年(1333)進士,仕至同知制誥兼國史編修。

生平事蹟見明侯加乘修,明邢其諫纂《濟陽縣志》(萬曆三十七年刻本)卷七,李修生主編《全元文》卷一六四六等。

李修生主編《全元文》卷一六四六收其文《善士郭英助文廟禮器記》一篇,輯於清胡德琳修,清何明禮、章承茂纂《濟陽縣志》(乾隆三十年刻本)卷十及王嗣鋆纂,路大遵修《續濟陽縣志》(民國二十三年刻本)卷十六。

此次點校文以清胡德琳修,清何明禮、章承茂纂《濟陽縣志》(乾隆三十年刻本)爲底本,文共計1篇。

善士郭英助文廟禮器記

至正己酉,善士郭英以楮帛六千緡,因故人路基提舉勾吴,託鑄銅器百二十五,續置竹豆四十有一,形制古若,不遠百舍而來,悉上送官,藏諸廟學,以備釋奠之需,可謂允迪報本者也。英字傑惠,迪信古,素履思誠,其行實之詳,則見於進士王健所撰墓表。其先陽邱人,宗族素居濟陽治,六葉祖有仕至朝散者。猶子思義,朝列大夫、知泰安州致仕;侄孫遵,奉政大夫、深州知府,政震燕南。

僧家奴（訥）

僧家奴,字元卿,號崢山野人。蒙古術里歹氏。曾祖傑烈從成吉思汗攻略江山,此後三世皆鎮山西。僧家奴早年爲元武宗宿衛,至正初任廣東宣慰使都元帥、江浙行省參政,歷福建憲使。政事之餘經史不離於手,吟詠不輟。

著有《崢山詩集》,由虞集作序(《道園類稿》卷十九),但未見傳本。陳衍輯撰《元詩紀事》中存其詩《次聯》《三聯》兩首。至正九年(1349)八月,僧家奴與申屠駉(字子迪)、奧魯赤(字文卿)、赫德爾(字本初)等在烏石山聯句賦詩,並將所作《道山亭聯句》刊於摩巖。聯句內容如下：(子迪)"追陪偶上道山亭,疊嶂層巒繞郡青";(元卿)"萬井人家鋪地錦,九衢樓閣畫帷屏";(本初)"波搖海月添詩興,坐引天風吹酒醒";(文卿)"久立危欄憑北望,天邊秋色杳冥冥"。這是元詩史上僅見的以蒙古人爲主的聯句活動,堪稱一時之盛,也是元代蒙古、色目雙語作家創作達到全盛時期的標誌。故陳衍輯撰《元詩紀事》中輯錄的《三聯》是赫德爾所作,並非僧家奴所作,此處當是誤輯。

僧家奴能文,現存文《趙清獻公文集序》《宣聖遺像記》《仙掌石題名》3篇,分別載於南陽趙氏刻本《趙清獻公集》,清同治三年《廣東通志》和清光緒五年《廣州府志》。

此次點校文《趙清獻公文集序》以宋趙汴《趙清獻公集》(南陽趙氏刻本)爲底本,《宣聖遺像記》以清阮元修,清陳昌齊纂《廣東通志》(同治三年刻本)爲底本,以清李福泰修,清史澄纂《番禺縣志》(同治十年刻本）卷三十，清戴肇辰修，清史澄纂《廣州府志》（光緒五年刻本）卷一百三，清張鳳喈修，清桂坫等纂《南海縣志》（宣統二年刻本）卷十二爲校本，《仙掌石題名》以清戴肇辰修，清史澄纂《廣州府志》（光緒五年刻本）爲底本，文共計3篇。

趙清獻公文集序[1]　至治元年十一月二十六日

嘗聞山嶽鍾秀，天産英彥，作名臣，爲鉅公，維持世教，輔毘王化，矧邦家之光，迺天下之福也。惟賢人君子，德符鳳麟，非一朝一夕易爲之有，良由百千年一二人焉。

予忝臺檄，循察省治，覈實憲蹟，由浙歷閩海道，軺過太末郡。郡乃清獻公之里也。公宋朝名臣，屹立臺端，讜言正操，確乎其不可拔，挺然其不可奪，諫必納，劾必黜，泰彰臣道，日新君德。雖憲秩移牧，寬猛濟事。

予宿仰休風，咨訪公文，得諸郡庠。手閱簡集奏狀等篇，如雪冤正法，折大臣陳執中之抗獄，精論明辯，斥宣徽王拱辰之辱命，釋縶婦以安外寇，納歐陽以充內輔，披裂忠肝，張揚義氣。他如抨彈權幸，誅鋤強悍，擿姦燭幽，發政施令，皎如星月，厲若雷霆。宜哉！公以道自任，當時名流推服，海内同聲，亦以斯道與公。宜哉！公在熙、豐間，正色立朝，匡君利世，雖斯文之召，觀公之子屼請隧碑銘於朝，哲宗嘉歎骨鯁敢言之氣，以"愛直"名其碑。偉哉！功烈俾千載之下，端人正士起敬起慕。夫死生予奪，固人主之柄；安危利病，實臺察之繫。吁！後之司言秩者，聞鐵面之名，挹蓮峰之青，不覺凛然。

嗚呼！山嶽精英，鳳麟禎瑞，不知何年鍾秀孚凝，而復出斯人也邪？

時至治首元仲冬二十又六日，蒙古晉人僧家奴鈞元卿拜跋。

校記：

[1] 此文輯自南陽趙氏刻本《趙清獻公集》卷首。

宣聖遺像記[1]　至正五年正月十五日

宣聖遺像,前景陵簿靳氏傳云:"昔埋驛梁,有執政者過之,其馬嘶伏,策亦不進,遂得此石刻於橋之下,乃唐吳道子筆也。尋舉置郡之崇文閣。"予時都運山東計府使,得茲本藏之。歲在甲申,調官宣帥東廣,視政之暇,出是刻及所繪《尼山》《孔林》二圖,示掾劉從龍摹臨,將立石郡庠,以新士人之瞻。乃請建置於憲長君雪公元素正議,公曰:"信哉!聖人之貌,威而不猛,恭而安,其道如日月之麗天也。然沮雎而彌彰,畏匡而彌光,抑焉得而毀歟?今神宇陸沉于雜遝蹄涔之間,曾不知其後千百年,彼驥之有識,一嘶之頃,宛然儼出于殿陛,以昭我皇元文明之聖。宜壽于石,以廣公傳。"時憲副子謙徐公、知憲事東甫何公、照磨彥文許公僉曰:"可。"乃命廣庠文學陳元謙伐越山之石,鐫碑三,居聖像于中,左《山》右《林》,立于文廟天章之閣[2],俾郡之士人君子、荒服島夷崇仰聖人高堅前後之風,河嶽光靈之輝[3],廟林文蔚之氣,如在鄒魯之邦,豈不有助於風化也歟?至正五年歲次乙酉正月望日,中奉大夫、廣東道宣慰使都元帥僧家奴記。

校記:

[1] 此文輯自清同治三年刻本《廣東通志》卷二百十五。
[2] 天:《番禺縣志》《廣州府志》《南海縣志》本均作"雲"。
[3] 靈:《番禺縣志》《廣州府志》《南海縣志》本均作"甅"。

仙掌石題名[1]

至正甲申秋,余奉天子命來鎮東廣,適官舍介於仙湖之東,而(下缺)觀仙掌石刻,乃宋嘉熙蕭大山(下缺)宛然如新。案郡志:仙湖舊名石洲,(下缺)石號九曜,而仙掌蓋居其一焉。(下缺)興,斯石屹然獨存,今□九仙之(下缺)慨然興歎,遂識諸歲月,俾後之來者,亦(下缺)而刻銘無窮,共臻千古之勝概,以(下缺)句云:"星躔文囿劍池頭,

僧家奴（訥）

月地（下缺）壯遊推太華，又觀仙掌五羊州。"至正（下缺）中奉大夫、廣東道宣慰使都元帥（下缺）。

校記：

［1］此文輯自清光緒五年刻本《廣州府志》卷一百三。

凱烈(克烈)拔實

凱烈拔實(1308—1350)，字彥卿，凱烈(克烈)氏，故又名克烈拔實。學界有些人認爲其爲蒙古族，有些人認爲其爲色目人，暫從前者。定居大都(今北京)。年僅十一歲，以近臣之子身份入侍仁宗。元統元年(1333)他僅二十餘歲，就出任燕南憲僉，歷遷翰林直學士，出爲燕南廉訪使。至正十年(1350)，死在河西廉訪使任上。安葬於大都宛平縣池水裏雙堤之原。

生平事蹟見元黃溍撰《神道碑》，元陶宗儀《書史會要》卷七，清顧嗣立、席世臣編《元詩選·癸集》(癸之戊)。

今存清嘉慶三年(1798)南沙席氏刻《凱烈拔實詩》刻本；清光緒十四年(1888)重修刻本，藏於國家圖書館。家有四詠軒，並將與許有壬、周伯琦、成廷珪、王翥等人的倡和酬答之作輯成《四詠軒詩》，許有壬作序，傳頌詞林。

清顧嗣立、席世臣編《元詩選·癸集》戊集下錄其詩《追詠茅山詩并序》《遊茅峰》《喜客泉》《元符山房》《全清亭》《贈集虛宗師》六首。

此次點校詩以清顧嗣立、席世臣編《元詩選·癸集》爲底本，詩共計6首。

追詠茅山詩并序

往遊茅山，山中佳致非一。但詩思遲遲，未能道其萬一，既還。因嘗遊之地，追詠敬呈集虛宗師。

遊茅峰

笋輿高士碧巑岏，爲訪仙人白石壇。羽服常來千歲鶴，霞衣曾駐九霄鸞。洞生芝草山藏玉，人道琳宮井有丹。松下空餘處士宅，幾爲梁帝決時難。

喜客泉

春水澄澄綠滿池，團漚顆顆涌琉璃。江妃解珮珠凌亂，淵客當盤淚漫垂。坤母由來承博厚，馮夷何事現新奇。倚欄莫謂曾無喜，且玩清冷潤惡詩。

元符山房

坐對千巖翠，森森萬木攢。石函留古劍，藥鼎煉還丹。雲逼山窗濕，嵐開澗樹寒。春禽知客意，啼我暫盤桓。

全清亭

石抱幽亭深復深，當軒翠竹弄清音。華陽山酒盈樽綠，對坐春泉澆醉心。

贈集虛宗師

路入華陽溪水流，仙人瓊珮彩雲裘。松陰石竈丹煙煖，洞裏桃花碧樹幽。嗟我塵中迴俗駕，無心方外訪瀛洲。何當一假茅君鶴，復向三山深處游。

薩都剌

薩都剌(1308—1355)，字天錫，號直齋，西域答失蠻氏人。學界有人認爲其爲蒙古族，有些人認爲其爲色目人，暫從前者。元後期著名詩人。其祖曰薩拉布哈，父曰傲拉齊，祖父以勳留鎮雲代(今山西大同、代縣一帶)，故世稱雁門薩都剌。泰定四年(1327)中進士，授京口錄事司達魯花赤，歷南臺掾、憲司照磨、經歷等職。其爲官清正，曾有發廩賑災、救助難民、禁止巫蠱、移風易俗等政績。後入方國珍幕府，卒。薩都剌博學能文，兼善楷書。宦遊多年，足跡長城内外、大江南北，不少作品富於生活實感，描寫細膩，貼切入微。後人推薩都剌爲"有元一代詞人之冠"。

生平事蹟見元虞集《寄丁卯進士薩部拉天錫》(《道園學古錄》卷二)，元脱因修《至順鎮江志》卷十六《宰貳》，元陶宗儀《南村輟耕錄》卷二十二《夫婦人道》，俞希魯《送錄事司達魯花赤薩都剌序》(〔嘉慶〕《丹徒志》卷四十二《藝文志》)，明宋濂《元史》，清錢謙益《列朝詩集》，清顧嗣立、席世臣編《元詩選·初集》(戊集)，陳衍輯撰《元詩紀事》卷十五，孔齊《至正直記》。

著有《上京雜詠》《上京即事》等詩，又《雁門集》八卷、《西湖十景詞》一卷。文淵閣《四庫全書》收有《薩天錫詩集》。詞集有《天錫集》。《元詩選·初集》著錄《雁門集》《天錫集》。

《雁門集》八卷，初刊於元至正年間，已佚。又有明成化二十年張習刻本(今藏於國家圖書館)、弘治十六年刻本、嘉靖十五年刻本，毛晉汲古閣《元人十種詩》刻本、康熙刻本、嘉慶十二年刻本等。集中收錄的篇目有《鼎湖哀》《吳姬曲》《白翎雀》《江南樂》《芙蓉曲》《蘭皋曲》《練湖曲》《過居庸關》《度閩關二首》《北風行送王君實》《新夏曲》《鸚鵡曲》《漢宮早春曲》《過池陽李翰林》《題焦山方丈》《洞房曲和劉致中員外作》《相逢行贈別書友治將軍》《宿臺城山絶頂》等。唐圭璋編《全金元詞》收有《法曲獻仙音》二首、《卜算子》一首、《滿江紅》一首、《酹江月》七首、《水龍吟》一首、《少年遊》一首、《念奴嬌》一首、《木蘭花慢》一首。

《雁門集》版本可分爲三種：第一種是明天順三年（1459），薩都剌後裔薩琦根據元代二十卷本《雁門集》所編的六卷本，按詩的體裁分編爲樂府古調及詩餘一卷、五言古體一卷、七言古體一卷、五言近體一卷、七言近體一卷、絶句一卷，共收錄詩六百二十題七百六一十八首、詞十一首。這是三個版本中收詩詞數量最多、流傳最廣、影響最大的一個版本。清康熙十九年（1680）薩都剌十世孫薩希亮又據此重新校刻，宣統二年（1910）薩氏後人薩嘉曦再刻於福州，今上海圖書館藏《雁門集》六卷舊鈔本就是據此系統版本鈔的。第二種是明成化二十年（1484）張習所刻的《雁門集》八卷本。此本似出自元代所刻八卷本，共收詩四百零五題四百九十二首，收詞十一首。此鈔本先後經惠棟、馬曰璐、桂馥、孫星衍、潘苿坡等人收藏，現藏於國家圖書館。第三種是成化二十一年（1485）兖州知府趙蘭刻六卷本《薩天錫詩集》。趙蘭序說："一日，得元《薩天錫詩集》於仁和沈文進，見其詞氣雄渾清雅，興寄高遠，讀之令人自不釋手……惜其無刻本而流傳不廣，於是乃捐俸鋟梓，以廣其傳。"此本卷首劉子鐘序也說："趙蘭最知詩而好集古詩"，"見是編而甚喜，不敢自私於一己，將繡梓以播衆人"。趙蘭刻本刻於成化二十年（1484），爲六卷本，題爲《薩天錫詩集》；張習刻本刻於成化二十一年，爲八卷本，題爲《雁門集》。趙刻本收錄詩四百四十五題五百五十一首，其中有二百多首與張刻本相異；而張刻本所收十一首詞，趙刻本又未收入。乾隆年間，薩氏後裔薩龍光便以康熙年間薩希亮刻《雁門集》六卷本爲底本，校以弘治李舉刻本、毛晉汲古閣刻正外集四卷本、顧嗣立與席世臣編《元詩選·初集》本，截長續短，互相校補，並廣收博采，輯錄散見於各書的薩都剌詩詞三十一首，共得詩六百八十七題七百九十六首，考訂編年，加以注釋，分爲十四卷，另外又彙集各種版本序跋題識，搜羅諸家唱和評論，編爲附錄，刻於嘉慶十二年（1807），成爲當時一個集大成的薩都剌詩集，也題爲《雁門集》，中國國家圖書館、北京大學圖書館、南京圖書館、山東圖書館、湖北圖書館等地有藏。此本後又有光緒三年（1877）重刻本（藏於南京圖書館），民國四年（1915）福州慶遠堂重刻本，1982年上海古籍出版社排印出版的殷孟倫、朱廣祁的校點本。此外，中國國家圖書館還藏有民國二十五年（1936）薩君陸增補本，是用民國四年（1915）慶遠堂刻本剪貼增補而成的。

除上文提到的三種外，還有其他不同分卷的版本流傳于世。明晉安謝肇淛小草齋鈔本《薩天錫詩集》、明末曹學佺《石倉十二代詩選·元詩選》本、清陳作霖編《薩天錫詩集》本等爲不分卷本。

明崇禎間毛氏汲古閣《三元人集》本《薩天錫詩集》、明崇禎十一年（1638）毛氏汲古閣刻《元人集十種》五十四卷本《薩天錫詩集》、清初鈔本《薩天錫詩集》（此據汲古閣刻本傳鈔）等本爲三卷本。

《薩天錫詩集》三卷《集外詩》一卷本爲四卷本。

《薩天錫詩集》李舉刻本爲五卷本，有葉恭煥題款明弘治十六年（1503）本、明弘治十六年刻清初補抄本、明弘治十六年刻嘉靖十五年（1536）張邦教重修本、民國間上海涵芬樓《四部叢刊》影印本。

《薩天錫詩集》明祁氏澹生堂鈔本爲六卷本有一殘本僅存卷一、卷二；又有傅增湘跋本，存卷三至六（卷三殘）。

《薩天錫詩集》明萬曆四十三年（1615）潘是仁刻天啓二年（1622）

重修《宋元詩六十一種》本則爲八卷本。

此外各類總集中收錄薩都剌作品者亦不少，明崇禎十一年（1638）毛氏汲古閣刻清初增刻《元人集十種》六十二卷本收錄《薩天錫詩集》三卷《集外詩》一卷；何焯校跋明崇禎十一年毛氏汲古閣清初增刻《元人集十種》六十二卷本收錄《薩天錫詩集》三卷《集外詩》一卷；毛綏萬校跋明崇禎十一年毛氏汲古閣刻清初增刻《元人集十種》六十二卷本收錄《薩天錫詩集》三卷《集外詩》一卷；沈巖過錄何焯校跋明毛氏汲古閣刻清初增刻《元人集十種》六十二卷本收錄薩都剌《集外詩》一卷。

日本有《新芳薩天錫雜詩妙選稿全集》一卷《後跋文疏》一卷，日本南北朝刻本（永和本）；日本慶長七年（1602）刻本；日本明曆三年（1657）京傅粕子刻本；日本江户間傳鈔毛氏汲古閣刻清初增刻《元人集十種》六十二卷本收錄《薩天錫詩集》三卷《集外詩》一卷；日本大正三年（1914）七月東京甌夢吟杜鉛印《雁門絕句鈔》等等。

李修生主編的《全元文》，收其文《龍門記》《武彝詩集序》《雪磯和尚住瑞巖諸山疏》《雪竇請野翁茶湯榜》《晦機和尚遷仰山杭諸山》《雲外和尚住天童諸山》《禹溪和尚住雪竇》《泠石泉住平江北禪教寺諸山》《印月江住湖州河山江湖》，共計九篇。輯錄於《元史》《大元聖政國朝典章》《元朝典故編年考》《永樂大典》等。《元詩選·初集》選錄其詩三百零三首，分題《雁門集》與《薩天賜集》。《元詩紀事》卷十五錄詩《送欣上人笑隱住龍翔寺》《紀事》《玉華宫》《宫詞》《京城春日》《四時宫詞》《彭城雜詠》《芙蓉曲》《南臺看月歌》《元統乙亥餘除閩憲知事未行立春十日參政許可用惠茶甫以此謝》《楊妃病齒圖》《三衢馬太守昂夫索題爛柯山石橋》《臺山懷古》《贈劉雲江宗師》《織女圖》《過嘉興》《燕姬曲》《蝦助詩》《立秋日登烏石山》《登烏山石仁王寺橫山閣》。

明瞿佑《歸田詩話》（卷中）評説其詩："直言時事不諱。"虞集《清江集序》稱:"進士薩天錫者最長於情,流麗清婉,作者皆愛之。"元末文壇盟主楊維楨對其詩作更是推崇備至。明朱權《太和正音譜》評其詞"如天風環佩"。

此次點校曲以明郭勛輯《雍熙樂府》(《四部叢刊續編》本)爲底本,套數共計1套。此次點校文《龍門記》以清施誠纂修《河南府志》(乾隆四十四年刻本)爲底本,《武彝詩集序》《雪磯和尚住瑞巖諸山疏》《雪竇請野翁茶湯榜》《晦機和尚遷仰山杭諸山》《雲外和尚住天童諸山》《禹溪和尚住雪竇》《冷石泉住平江北禪教寺諸山》《印月江住湖州河山江湖》以元薩都剌撰,清薩龍光輯,薩君陸增補《雁門集編注增補》(民國二十五年稿本)爲底本,文共計9篇。

〔南吕〕一枝花·妓女蹴鞠[1]

紅香臉襯霞,玉潤釵橫燕。月彎眉斂翠,雲嚲鬢堆蟬。絶色嬋娟,畢罷了歌舞花前宴,習學成齊雲天下圓。受用盡緑窗前飯飽茶餘,揀擇下粉墻内花陰日轉。

〔梁州〕素羅衫垂彩袖低籠玉笋,錦鞠襪襯烏靴款蹴金蓮。占官場立站下人爭羨。似月殿裏飛來的素女,甚天風吹落的神仙。拂花露榴裙茌苒,滚香塵繡帶蹁躚。打着對合扇拐全不斜偏,踢着對鴛鴦扣且是輕便。對泛處使穿臁抹膝的擔搭,搜俊處使拂袖沾衣的撇演,妝翹處使回身出鬢的披肩。猛然。笑喘。紅塵兩袖纖腰倦。越丰韻越嬌軟。羅帕香匀粉汗妍,拂落花鈿。

〔尾聲〕若道是成就了洞房中惜玉憐香願,媒合了翠館内清風皓月筵,六片兒香皮做姻眷。荼蘼架邊,薔薇洞前,管教你到底團圓不離了半步兒遠。

校記:

[1]《雍熙樂府》不註撰人。

薩都剌

龍門記

洛陽南去二十五里許，有兩山對峙，崖石壁立，曰龍門。伊水中出，北入洛河，又曰伊闕。禹排伊闕即此。兩山下石罅迸出數泉，極清冷。惟東稍北三泉冬月溫，曰溫泉。西稍北岸，河下一潭極深，相傳有靈物居之，曰黑龍潭。兩岸間，昔人鑿爲大洞，爲小龕，不啻千數。琢石像諸佛相、菩薩相、大士相、阿羅漢相、金剛相、天王護法神相，有全身者，有就崖石露半身者，極巨者丈六，極細者寸餘。趺坐者、立者、侍衛者，又不啻萬數。然諸石像，舊有裂釁，及爲人所擊，或碎首，或損軀。其鼻耳，其手足，或缺焉，或半缺全缺。金碧裝飾悉剥落，鮮有完者。舊有八寺，無一存。但東崖巔有壘石址兩區，餘不可辨。有數石碑，多仆，其立者僅一二，所刻皆佛語，字剥落不可讀，未暇詳其所始。今觀其創作，似非出於一時。其工力財費，不知其幾千萬計。蓋其大者必作自國君，次者必王公貴戚，又其次必富人，而後能有成者。然予雖不知佛書，抑聞釋迦乃西方聖人，生自王公，爲國元子，棄尊榮而就卑辱，捨壯觀而安僻陋，斥華麗而服樸素，厭濃鮮而甘淡薄，苦身修行，以證佛果。其言曰："無人我相"，曰"色即是空"，曰："寂滅爲樂"。其心若渾然無欲，又奚欲費人之財，殫人之力，鎸鑿山骨，斲喪元氣，而假像於頑然之石，飾金施采，以驚世駭俗爲哉！是蓋學佛者，習妄迷真，先已自惑，謂必極其莊嚴，始可聳人瞻敬，報佛功德。又參之以輪迴果報之説，謂人之富貴、貧賤、壽夭、賢愚，一皆前世所自爲，故今世受報如此。今世若何修行，若何布施，可以免禍於地獄，徼福於天堂，獲報於來世。前不可見，後不可知，迷人於恍惚茫昧之塗。而好佛者溺於其説，不覺信之深，而甘受其惑，至有捨身然臂施財，至爲此窮極之功。設使佛果誇耀於世，其成之者必獲善報，毁之者必獲惡報，則八寺巍然，諸相整然，朝鐘暮鼓，緇流慶讚，燈燈相續於無窮，又豈至於蕪没其宮，殘毁其容，而蒼凉落莫如此哉！殊不知佛稱仁王，以慈悲爲心，利益衆生，必不徇私於己而加禍福於人,亦無意於衒色相以欺人也。予故記其略,復爲之說,以祛好佛者之惑。又以戒學佛者毋背其師說以求佛於外,而不求佛於内,明心見性,則庶乎其佛之徒也。(清乾隆四十四年《河南府志》卷八四)

武彝詩集序

肇自大化氣泄,融結爲名山。閩粤爲翼軫之分,武夷當之,使人應接不暇。幽深僻遠,若與世隔。是故前賢大儒,藏修於此;真人錬士,蛻骨於此。今昔達公鉅卿、文人騷客、名僧高道、逸人遷客之流,過兹山者,莫不發爲題詠,摹寫兹山之勝,以泄其胸中之所素蓄。山之詩始見於唐,歷代至我朝不絕響。達公鉅卿,發其雄壯豪麗;文人騷客,發其清新俊逸;名僧高道,發其幽閒高遠;逸士遷客,發其冲淡感慨。龍吟虎嘯,神號鬼哭,鶴唳猿哀,蟲悲蚓鳴。其所發不一,其懷抱不同,其趣向顯晦亦異。若山之峰巒巖谷,奇花異草,珍禽馴鳥,陰晴朝暮,風煙雨雪,莫可得而名狀也。後至元二年丁丑九月,僕遷官出閩,過武彝,遇京兆清碧杜先生。卧遊山溪,周覽竟日,夜宿萬年宫。提舉張一村者,攜示古今名人遊山題詠二帙,欲壽諸梓,俾余爲序。余辭之曰:"非胸中有武彝,莫能狀武彝之萬一;非胸中具古今名人之才器,莫能別其吟嘯之意趣。"一村請不已,謾爲塞白如此,請以質諸山中之弘衍博大真人者。天地壞,此山壞;此山壞,此集壞。天地不壞,此山、此集亦相與悠久而無窮也。詩乎,詩乎,其天地山川之清氣乎!清碧杜先生笑曰:"毋大言,可止矣。"於是乎書。

雪磯和尚住瑞巖諸山疏

苻堅破漢南,獲一人半;伯樂過冀北,空諸馬群。信古今俊傑之才,實天地山川之秀。又逢此老,乃張吾軍。是劉南嶽之交游,想見風流儒雅;如謝東山之高卧,必觀時節因緣。主人翁直是惺惺,賢伯仲皆非碌碌。賀監湖邊,薔薇洞口,春風幾度吹香;徐家園裏,莧菜根頭,此日更看流毒。

雪竇請野翁茶湯榜

　　怒虎出林,萬壑松風鼎沸;蒼龍在窟,千尋瀑雪空懸。正宜一味之森嚴,痛洗多生之浮薄。窗南睡足,日上危峰;天外身容,春先大地。

　　鬪官焙固應絕勝,寄家書仍恐暗投。瀹盡三萬六千頃太湖之波,喚起二百五十年昭陵之夢。頑礦妖邪之無賴,求售爭先;風流醞藉之有餘,策勳何晚。銀河無邊,肆佛祖翻瀾之辯;寶露不竭,策唐虞治世之勳。蒐天地之英材,起山林之沈痼。大川一飲,舌頭落處皆知;少室單傳,皮髓尋時已錯。嫌太白士氣猶在,笑歧黃風味忒奢。用之則行,悅而誠服。禮儀具有,足爲叢社之光;道脉延洪,別試諸方之妙。

晦機和尚遷仰山杭諸山

　　妙喜復歸徑山,見五祖再傳之盛;大覺肯來鄮嶺,愍九峰一疏之勤。洗光佛日於人間,唱徹祖機於天上。歷論兩翁之出處,豈惟百世之風規。誰其似之,公無愧矣。辯才宗鏡,向止萬人之敵;智勇留侯,宜稱一國之師。眾星欲曙,惟見長庚;諸子失塗,載瞻老馬。睠集雲之勝,幻成能作天圜;奮掣電之機,少慰伽師地。得驪珠不爲奇貨,拈鼠糞要作真金。休問阿婆三五少年時,但看獅子百億毛頭現。南浦朝雲,西山暮雨,幾回寒夢都迷;洞庭歸客,瀟湘故人,共惜春光殊晚。彌伽師乃仰山寂禪師號也。

雲外和尚住天童諸山

　　長庚配殘月,未論曹洞之孤宗;朽索馭奔輪,當念東林之大法。公既無心而出矣,彼雖有力者何爲。世上優曇,釋中獅子。石門遼遠,正如行鳥不逢人;滄海淺深,誰見蓮花初出水。況已入鄽垂手,不妨認影迷頭。老柏臥波，起隰州之無恙；異苗翻茂，俟楊廣之尤靈。壯我輔車，助君旗鼓。

禹溪和尚住雪竇

飛雪千尋，曾是盧公之高臥；剡川一曲，尚餘賀老之風波。觀丈夫出處之間，豈孺子笑談之事。說法如雲雨，有天澤之淵源；滿腹是溪山，小蛾眉之煙翠。歲晚宜蒼龍之蟄，天高見獨鶴之歸。道骨仙風，咫尺蓬萊方丈；蕈絲菰玉，夢魂醉李姑蘇。

冷石泉住平江北禪教寺諸山

天台南嶽之大旨，靈山親承；竹菴北峰之故家，喬木猶在。實有淵源之學，寧同口耳之傳。開同體權，開異體權，俱非妙論；不即文字，不離文字，彌顯今宗。豈無機辯自將之人，庸壯輔車相依之勢。迦陵頻伽之音響，僧場盤郢之光芒。分座白雲，斯文九鼎；掩關翠越，弊帚千金。看癡兒飽喜飢嗔，笑阿婆東搽西抹。錦衣翻著，誰為閭里之光；如意橫飛，式赴天人之望。

印月江住湖州河山江湖

老鶴風唳九皋，豈似鳴蜩之嘒嘒；乘黃日馳萬里，可同凡馬之區區。欲振斯文，須還我輩。襟懷片月，辯舌長江。坐殺普光王，戶外之履常滿；勘破華亭老，鈎頭之餌無多。蕈羹菰米，自足留之；古井清苔，亦為勝處。駕輕車何須就熟，入幽谷不是下喬。紫羅帳裏撒真珠，徒誇好手；白水田頭問行路，會有同心。（以上《雁門集編注增補》卷十七）

按攤不花

按攤不花，皇慶、延祐年間(1311—1320)任平江州判，重教化，崇斯文，與修《成州志》。清光緒《湖南通志》卷二百四十九載："延祐《平江州志》，蒙古按攤不花纂。縣志增。"又據明隆慶《岳州府志·官跡》載："按攤不花，延祐間判平江，纂州志有功，文章政事重於時。"

生平事蹟見明隆慶《岳州府志》卷十三；李修生主編《全元文》卷一一五二。

李修生主編《全元文》卷一一五二收其《上公亭記》《忠孝祠記》兩篇。

此次點校文以清張培仁等修，清李元度纂《平江縣志》（同治十三年刻本）爲底本，文共計2篇。

上公亭記

上公亭，祀王文正公旦也。亭舊在寶積寺。知信州朱師通記略曰："公在相位，身致太平。北和番庭，西納戎夏；海内富實，時調歲成。百職任人，各有攸序，宇量宏大，莫窮其際。秉政十八年，聖治文明，比隆前古，有宋以來，一人而已。"常以大理評事出宰是邑。先是，正寢有妖魁，人不敢居。一夕，守吏夢白衣告曰："相君至矣，即當避去。"俄而公至，安然無警。又嘗暑月憩林下，地素多馬蟻，公所至，蟻皆去席尺餘。天生正人以匡天下，固自異焉。知縣張仲舒祠公佛舍，適公之姪篋函遺像以來，因肖而像之，以慰邦人士之瞻。宋寶祐癸丑，縣令王有先修創，亭在縣治西南之巔，市材重修，致景慕之意。歸附後，倒塌不存。州判常從仕，捐俸鼎建亭一所，門樓一間，因記之曰："時非晉，而蘭亭之禊不改；人非柳，而愚溪之勝自如，豈景物果能自壽哉？其人賢，其事核，後之人因而壽之耳。"夫平乃丞相王文正公過化之邦，不花承乏平江州判，與丞相製錦之地適符。今去宋寶祐癸丑後六十年，是爲大元癸丑皇慶二年，與令尹修築之歲偶合。物換星移，址荒亭沒，蓁棘暝迷，莫覽彷彿。幸圖志可按，越明年甲寅，始得之州治右岡。衆懼以起廢爲難，因捐己俸，募衆工，酌土神誓之曰："是邦賢相宿臨，勳著上公。舊令依而表章之，待州民與嗣來者不薄也。過大梁者佇想於夷門，遊九京者留連於隨會。今迺搆營，非泛常土木比。疊屋豎檻者，尚庶幾種德之遺。"不日告成，匠氏驕其工制之雄偉，趨來前曰："由此治平江者，例有上公望矣。"余謝不然。人生行業爲要，榮達付命。要者在我，命者在天。史著丞相嚴重簡寬，風格峻整，善斷大事，決大疑。時東南撫定無幾，公曉計臣曰："東南民力竭矣。"又曰："朝廷權利至矣。"惟恐因漁蠹以斷本根。及抑張師德之奔競，黜買邊之立異，不報密院之誤印，不使薦引之知恩，皆識度偉拔。逮其捐館，子素猶未官。高風清操，可立萬古，豈但官崇位顯，足爲仕昌江者美談哉。今煥新舊規，實於丞相行業有取，於令尹景慕是稽。觀於斯者，要當有得於亭之外。匠氏曰："吾儕小人，不足以知君子。"因豎之記。

忠孝祠記

忠孝祠，祀三閭大夫屈原及羅氏二子。按：原事楚，楚王聽讒，斥江南。原作《離騷》《九歌》《天問》等篇，冀悟君心，終不見省。原不忍宗國之危亡，遂沈汨羅以死。先秦時，羅氏二子以父仕鐵官没舟洞庭，其女攜弟循崖索屍，不獲，皆赴水死。宋縣令楊治齋寅以屈忠臣、羅孝子，創祠於上公亭址之下，所以激薄俗也。後廟宇毀圮，判官常

按攤不花

從仕，勉附近富戶協濟，於是廟宇一新。其勸忠孝，亦治齋意也。因記之曰："古人爲政，以崇教化、美風俗爲先務。教化莫急於扶綱常，風俗莫切於消鍥薄。綱常者，君臣、父子、夫婦之倫是也。鍥薄者，尚囂頑、專把握、訐陰私、亂曲直是也。有一於此，皆爲斁教亂俗之民，故古人謹之。在宋盛時，蜀治齋楊公寅尹平江，致嚴忠孝雙廟，蓋其崇化勵俗之跡也。"按：秦誘楚懷王入會武關，屈原宗臣泣諫曰："秦，虎狼也，不可近。"懷王不從，卒爲秦留。原謫江南，憤怨沈汨羅以死，昔賢謂志與日月爭光。羅氏二子，父溺死不得屍，子女循江泣索，因而溺死。每當陰雨之時，湖上人常見三屍逐浪上下，有白雲掩罩，當時皆以爲純孝之昭。故汨羅一水，忠孝寓焉。雙廟之建，所以彰君臣、父子之大義，於風俗誠非小補。且記語鏗鏘，可詔萬世。不花後治齋七十餘年佐政是邦，安能捨公軌則，他求繩墨哉？廟葺舊碑勒，其一以公所以律平江者善。平江世代有更，人心無古今。公雖往，其流風遺範不與俱往也。後公生平江者，其義尚存，其忠孝尚古，其廟建寧不常如公尹日哉。噫！公以一日之仕而植無窮之教，則因循其日者，不特於公有愧，且何以辭屈原、羅氏二子哉？初建廟，李氏、葉氏佐費爲多。今葺廟又出李氏，信積善餘慶也矣。因併書之。

篤　列　圖

　　篤列圖(1311—1347)，字敬夫，又字彥誠，蒙古捏古臺氏。燕山人。是元文宗時代的一位蒙古族書畫家兼詩人。祖父爲信州永豐縣達魯花赤，家永豐縣進賢坊。篤列圖甫弱冠，即中至順元年(1330)右榜進士第一，授集賢修撰，累遷江南行臺監察御史，按治湖廣江浙，升福建廉訪司，以誣劾去職。後官内臺御史。病歿，年三十七。元王逢《故内御史捏古臺氏篤公挽詞》中載，篤列圖在參加廷試時，文宗讀其卷，歎曰："蒙古人文學如此，祖宗治教之所及也。"故拔爲第一。

　　其人短小凝重，眉目秀朗，官居巷處，言行一致，頗爲時人稱頌。及第時，因才華出衆，中丞馬祖常(伯庸)以妹妻之。時人贊之爲："瓊林宴壯元，銀屏會佳婿。"篤列圖因其父漢名爲揭南新，故以揭爲姓。其子即名揭毅夫，官至江西行省郎中。篤列圖工詩文，善書畫，尤以大字見長。

　　生平事蹟見元王逢《故内御史捏古臺氏篤公挽詞》，李修生主編《全元文》卷一六四八。

　　元人《偉觀集》(民國四年〔1915〕連平范氏雙魚室刻本)和清顧嗣立、席世臣編《元詩選》等收其詩二首。張豫章奉敕編《御選宋金元明四朝詩》卷七十三收其詩一首，卷首之諸家姓名爵里有其小傳，曰："圖烈圖，字敬夫，鈕祐禄氏。燕山人，家信州永豐。至順中進士。及第，授集賢修撰。遷南臺御史。曆福建廉訪，免官，尋拜内御史。"

　　李修生主編《全元文》卷一六四八收篤列圖文《瑞鹽記》一篇，作於至順四年七月。

　元王逢《梧溪集》卷一存《篤敬夫御史夜過夢月山房》一詩，詩中有佳句"御史鄰居偶和麻，攀蘿弄月樂忘歸"，此處的御史正是篤列圖。王逢者，元末人，隱居未仕，與篤列圖來往甚密。除此之外，還曾作有《送篤御史自永豐遷生母葬北還》等詩，及篤列圖去世，他又撰有《故內御史捏古臺氏篤公挽詞》。元陶宗儀《書史會要》說其"善大字"。此外，他還繪有《海鶻圖》，傅若金曾爲之題詩。

　此次點校詩以清顧嗣立、席世臣編《元詩選·癸集》爲底本，詩共計2首；文以清王昶《金石萃編未刻稿》（羅氏影印本）爲底本，文共計1篇。

題董太初《長江偉觀圖》

　往歲曾登北固樓，遙看天際白雲浮。江分吳楚波濤闊，山湧金焦樹木稠。落日放船過赤壁，清秋騎鶴上揚州。于今高臥蓬窗底，展卷令人憶舊遊。

題范文正公書《伯夷頌》并札卷

　韓文稱頌伯夷賢，黃素真書慶曆年。月照明珠還合浦，春風長共義莊田。

瑞鹽記　至順四年七月

　至順四年夏六月，新天子即位。先是，運司上言："解州鹽池預期呈秀，宜特遣使投祠，以答神貺。"於是右丞相太師俊寧王、太傅答剌罕、左丞相等奏，遣使者集賢修撰篤列圖，欽奉御香，以至順四年七月初三日，往率運使臣拜不花等，以牲齋致祠如禮。運司又言："致和、天曆以來，解州迫於水旱，鹽池致耗，迨今五六年矣。及茲而雨暘時若，山澤效靈，貨利浡興，國賦充溢。此實聖天子元德彰聞，神祇感格之所致也。"臣篤列圖拜手稽首而言曰:"聖人首出庶物,德浹仁博,而天錫之福。昔伏羲、大禹之時,河洛出圖書。堯、舜、文王之世,鳳儀于庭,或鳴于岐。此天人交感之理,爲不誣也。今皇帝聖德龍飛,而鹽池瑞應,豈苟然哉?凡百有司,各敬其事,以修厥職,共承天休。嗚呼!懋哉。"至順四年七月朔,拜手謹識。

答禄與權

　　答禄與權(約1311—約1380),字道夫,晚號洛上翁,西域乃蠻答禄氏,乃蠻君主太陽汗後裔。學界有些人認爲其爲蒙古人士,有些人認爲其爲色目人,暫從前者。據稱其先人有別號答禄子者,子孫因之,故以答禄爲氏。答禄與權在元惠宗至正二年(1342)登進士第,初任秘書監管勾,後出爲河南北道廉訪司僉事。據《明史》本傳所載,入明寓居河南永寧,故自署洛上人或洛上翁。明洪武六年(1373)受推薦,被明太祖任以秦王府紀善,後又改任監察御史。七年初,又令出任廣西按察僉事,未行,復命爲御史,擢翰林院修撰。後坐事,降職典籍。九年又晉爲應奉。十一年以年老辭官。卒年不詳。

　　生平事蹟見元黃溍撰《答禄乃蠻先塋碑》(《金華黃先生文集》卷二十八),明廖道南《殿閣詞林記》卷八,明朱元璋《辯答禄異名洛上翁及謬贊》(《明太祖文集》卷十六),明趙撝謙《奉吴端學書》(《趙考古文集》卷一),元釋來復《澹遊集》卷上,《明太祖實録》卷七十九、卷一百十七,明朱睦㮮《皇朝中州人物志》卷一,清張廷玉等《明史》卷一百三十六(附於《崔亮傳》),清陳田編《明詩紀事》甲籤卷四,清萬斯同《明史》卷一百七十七,清王鴻緒《明史稿》卷一百二十四。

　　著有《答禄與權文集》,明人楊士奇《文淵閣書目》卷九有著録,謂"一部五册,完全"。另著《歸有集》十卷。黃虞稷《千頃堂書目》卷十七又説他著有《答禄與權文集》十卷,有"吴人黃省曾序,其集傳之"。明初有《答禄與權詩集》《答禄與權文集》和專門解析儒家經典的學術專著《窺豹管》傳世。據黄省曾《答禄與權集序》,他還有筆記《雅談》一卷,但今已不見傳本,僅《永樂大典》還保存斷簡殘片。答禄與權的著述,官私書目均言及卷數、册數,原書序文作者、庋藏情況等,足見其書在明代確曾刊行。《明史·藝文志》據《千頃堂書目》又予以著録。清陳田輯《明詩紀事》,在答禄與權小傳中提及他著有《歸有集》十卷,按語中又説:"余觀道夫題咏,自署洛上人,則著籍永寧明矣。《道夫集》十卷,著録於《明史·藝文志》及《千頃堂書目》,今罕傳本。"事實上,《明史》及《千頃堂書目》著録的文集與陳氏所言不同。或《答禄與權文集》又作《道夫集》,而答禄與權另有《歸有集》十卷,亦未可知。

現流傳於世的創作有《雜詩》四十七首,《偶成》四首。另有收於《澹遊集》《明詩紀事》的詩作兩首。《皇朝中州人物志》的編者在答禄與權小傳後附以評論,説:"家寶、與權皆戎狄之裔入事明廷。或以論議寤主,或以惠澤及民,擢至清華秘近之地,言行莫逆,榮譽終始。雖其才足以自致,然皇祖用夏變夷之意亦可仰見矣。"答禄與權以蒙古世家子弟和元朝故官的公開身份入仕明朝,文學政事並顯於時,且得到"才足以自致"的評價,可謂不負於科名矣。

此次點校詩以 1959 年中華書局影印明解縉《永樂大典》引《答禄與權詩集》(或作"答禄與權詩""國朝禄與詩集〔"答"字脱〕")爲底本,并參考明宋濂《宋學士集》(《明别集叢刊》本),詩共計 56 首。

送徐知府赴京洛陽

漢祖昔龍躍,豐沛多股肱。唐宗起晉陽,河汾盛豪雄。赫赫大明朝,創業濠泗中。乘時淮楚士,奮若雲從龍。使君蘄黄秀,擇事知所從。一麾守東洛,靡然皆向風。下車弔黎庶,豺狼咸絕蹤。至今洛下氓,頌聲歸茂功。側聞赴京闕,膏車瀍水東。聖心眷人牧,煌煌達四聰。願言求民瘼,一一報宸衷。坐令堯舜澤,熙熙四海同。垂拱建皇極,鴻烈傳無窮。

洞中歌

　　山中道士來天津,霞爲鶴氅雲爲巾。潛居土室著道論,丹爐茶竈常相親。心如皎月照秋水,蒼髯短髮顔生春。辭粟不讓伯夷餓,箪瓢有似顔淵貧。爾來雪落滿空谷,洞門靜掩傍無鄰。炊煙久絶釜揚塵,蕭然宴坐雙眉伸。一生坎坷長苦辛,東道主者知何人。

雜詩四十七首

　　東風扇微緑,卉木日蕃滋。慨此春榮花,寧忘冬悴時。澗底松鬱鬱,淇澳竹猗猗。物性固難變,千春恒若斯。
　　勾芒布春令,徵和蒲郊壚。開門足生意,青青見園蔬。抱瓮時灌溉,植杖自耰鋤。寄跡衡門下,神閑體亦舒。
　　靜坐掩虛室,塵世何擾擾。齋心服我形,稍欣繁慮少。披襟澹忘機,味道窮幽杳。俯聽枝上蟬,仰看雲間鳥。好風何處來,悠悠動林杪。一笑天宇開,百年靜中了。
　　積雨憂我心,雨晴還可喜。樹響清風來,天空白雲起。林光動逸興,鳥語清閑耳。宴坐久忘機,澹然獨憑几。
　　傴息南窗下,快此涼風夕。手把一編書,仰看天正碧。矧兹都邑士,迥若山林客。幸無案牘勞,聊任詩書責。慮淡神自清,身閑地仍僻。坐待月華升,中夜頻移席。
　　黃河自天來,日夜無停奔。崩騰蕩山嶽,浩汗徹乾坤。龍馬負圖出,羲皇道彌敦。妙契畫前易,人文今古存。
　　至人不可見,至理諒可論。恭惟千載下,獲仰聖謨尊。人言溟海上,靈槎蟠古根。張騫骨已朽,誰復窮其源。
　　猗蘭生園中,含馨媚幽色。不與芝同芳,乃與蒿並植。溥霑時雨滋,日夜各生息。異類等敷榮,此意誰能識。

秋蘭出幽谷,託根臨軒楹。微馨散閒闥,隨風有餘清。美人紉爲佩,素花間紫莖。令德良自貴,慎勿當門生。

中夜群動息,寒鴉栖復驚。西風颯然至,萬木皆商聲。達人塵慮絕,仰瞻星漢明。洒心遊八極,但覺元氣清。

俯彼階下草,湛湛寒露凝。寒露已爲霜,豈知非堅冰。所以古人心,慎初惟戰兢。至教有如此,懍焉獨撫膺。

寒蟬響不息,宛在庭樹叢。朝飲葉間露,夕吟木杪風。浮游埃塵外,蛻形濁穢中。尸解等仙遊,凡類孰與同。

瓠蛆雜糞壤,反以安其躬。斥鷃笑鵬鳥,奮翼翔蒿蓬。物類有清濁,世道有汙隆。悵然拂衣起,目送天邊鴻。

凌晨適南畝,駕言觀我田。我田奚不臧,稂莠鬱芊芊。願耘歎力薄,釋此愁思牽。及時功不懈,終期大有年。

在昔顏氏子,陋巷困簞瓢。爲邦兼四代,克復在一朝。青蠅附驥尾,勝驥千里遙。竭才方卓爾,奚暇嗟無聊。

負喧茅屋下,采芹南澗濱。野人效微忠,持此將獻君。矧茲青雲士,學道觀人文。大節誠有虧,功名安足云。

陳蕃既下榻,蔡邕還倒屣。上有賢主人,下有高世士。今古同一時,胡寧獨異此。周公躬吐握,千春照文史。

綺園成羽翼,采芝商山岑。魯連却秦軍,長揖謝黃金。功成身亦退,不受名跡侵。寥寥千載後,誰識斯人心?

紈素麗且潔,實勞機杼功。製爲團團扇,爲君播仁風。仁風被四海,熙熙百世同。秋至商飆發,棄擲靡所庸。行藏隨所遇,哀哉吾道窮。

楚國賤荊璞,棄之等沙礫。宋人實燕石,藏之重圭璧。舉世目多盲,茫然無所識。賢愚共乘軒,誰分堯與跖。

班姬歎紈扇,韓子悲短擎。篋笥尚有恩,牆角竟何情。物理有窮達,人心有愛憎。用舍諒難恃,哲人宜靜聽。

答禄與權

我有三尺琴,泠泠倚桐質。上無冰絲絃,妙音誰能識。高人得深趣,時時橫在膝。摩挲久沉吟,悟悅心自懌。終焉無與愬,俛首常淵默。

漁磯在洛濱,書舍依鳳麓。把釣月生波,讀書雲滿屋。上焉友千古,下焉不耦俗。至樂諒斯存,胡爲歎幽獨。

杖藜步原野,愛此春山深。丹霞曜其陽,白雲生其陰。坐覺群生遂,行聞孤鳥吟。安得一壺酒,自酌還自斟。俯仰天地間,陶然樂吾心。

窮居在陋巷,所親瓢與箪。蓬廬無客過,棘門晝常關。豈不念妻子,豈不憂饑寒。賴有古人書,使我開心顏。

生年幾六十,好古希前脩。時時持簡編,寸心常悠悠。貧賤非我慼,富貴非我求。天爵苟自尊,世事焉足謀。

手持唐虞典,欣欣慕古人。上有堯舜君,下有巢由民。我獨奚爲者,幽居洛水濱。願言時太康,躬耕不厭貧。

四時有代謝,人生有盛衰。吾今老將至,斑斑髮如絲。幸茲康且寧,好德心孳孳。但願考終命,樂天復奚疑。

太空無纖雲,十五清光圓。止水風不興,中有青青天。哲人體玄化,洒心常湛然。此樂真自得,此意不可傳。

我有金蓮炬,揚暉照無垠。千燈與萬燈,自我一炬分。燈燈各自明,我炬長有神。煌煌一寸光,夜夜如三春。

忘機北山公,抱拙冉溪客。混沌猶未分,焉知玄與白。所以古人心,直道以爲則。塊然天地間,俛首長淵默。

武子百世師,柴也千載人。小智不自鑿,乃得全吾真。我思灌園者,抱瓮良苦辛。極知事桔槔,機心誠可嗔。

明月出東隅,揚暉燭我堂。涓涓行空谷,皎皎遙相望。舉酒酹明月,我亦盡一觴。嘉會在今夕,歡娛猶未央。常恐晦朔交,清光深自藏。與汝不相見,淚下空霑裳。

玄陰散寒雨,布襦淒以風。川途泥濆漉,林藪煙溟濛。茲惟秋冬交,少昊收成功。納禾嗟改歲,來賓悲遠鴻。
　　吾生抱幽獨,養拙衡門出。感時歎無褐,寄身憐轉蓬。幽貞乃有吉,勞謙乃有終。此懷諒難託,歲暮心忡忡。
　　設教有先後,人才有賢愚。草木自區別,格言乃譬諸。小子當洒掃,實與誠意俱。君子體諸身,進修本同途。
　　商偃遊洙泗,文學固有餘。信道苟不篤,判然言論殊。及門三千士,訓誨無親疏。循循善誘人,孰令躐等趨。宣尼今尚存,六經語不虛。誦言能自勉,不愧君子儒。
　　人生如飛蓬,飄蕩隨風轉。及時不爲樂,日月去人遠。華亭有鳴鶴,上蔡有黃犬。已矣復何言,追遊諒非晚。
　　中年衰且貧,獨抱固窮節。傾壺有醨漿,蔥菁儼成列。人情賤清素,門無長者轍。我本淵憲徒,商歌心自悅。
　　仲冬風氣寒,縕袍猶未具。擁膝憩衡門,交臂行中路。惡服非吾慚,狐貉非吾慕。由也百世師,斯道宜深悟。
　　雪落何紛紛,北風何飂飂。袁安居陋巷,偃卧非自高。顏淵與原憲,飯籹還餔糟。道德雖云尊,奉養良獨勞。
　　我亦固窮者,踢踘在蓬蒿。有生信如此,今古誰能逃。黽勉思先哲,異世爲同抱。居易俟天命,庶慰心忉忉。
　　夷齊志高潔,守經終不移。遯跡首陽阿,長吟薇蕨詞。清風起頑懦,百世同一時。君子貴中庸,試用此道推。

　　按：本詩詩題爲《雜詩四十七首》,而題下僅存四十三首,所謂"四十七首",或包括以下《偶成四首》,《永樂大典》即接題"又《偶成四首》"。

送孫處士還南湖

　　透江汎晴瀾,逝者何深廣。天空遠峰出,參差列仙掌。湖平秋水澄，林复朝霞上。举手揖孙登，相期谢尘鞅。

绕绕芳树枝

丰草满阶露湑湑，明月入户帘垂垂。博山烟消翠屏冷，金釭挑尽鸾回影。阿郎不来夜方永。

赠故人任至刚

红颜同受业，皓首各离乡。洛下欣相遇，江东岂独忘。山风吹短鬓，诗卷在行囊。此别人千里，相看泪两行。

寄赵可程

闻子新登汴省庐，晨昏抱牍曳长裾。乾坤再造元非昔，日月重明自有初。作吏要循三尺法，为儒不负五车书。自惭衰朽浑无用，愿理荒园学种蔬。

梅花村图

树树寒梅已放花，背山临水竹交加。披图坐觉柴门静，好似西湖处士家。

偶成四首

夜气沉沉万象幽，长杨憔悴几经秋。星眸月面无人识，露泣风啼总是愁。

鹊桥牛女赴佳期，银汉无声素月移。梦里相逢还又别，可怜欢会不多时。

独著荷衣汗漫游，长风万里去悠悠。月明露冷千岩净，老鹤一声天地秋。

清夜披衣上石床，月华为牖洞为房。洞前手种松千尺，始觉山中日月長。

校記：

[1]以上輯自《永樂大典》引《答祿與權詩集》。

題見心禪師天香室

老僧定方起，鑪火不曾添。清風入幽户，明月掛虛簷。

送宋承旨還金華

金華之山，巍乎莫測。乃在牛女之墟，天池之北。自昔初平牧羊處，至今靈氣鍾名德。聖人立極開太平[1]，賢佐乃有宋先生。先生讀書逾萬卷，雄才獨擅文章名。至尊臨軒時顧問，皇子傳經當繡楹。漢室舊聞疏太傅，明庭今見桓五更。先生行年幾七十，新春詔許還鄉邑。誥詞御製煥奎文，子孫簪筆當朝立。先生種德非常倫，聖明天子優老臣。從兹一往三千春，高風長與初平鄰。

校記：

[1]太平：宋濂《宋學士集》附錄作"大明"。

朵兒直班

朵兒直班(1315—1355),又作朵爾直班、多濟巴勒,字惟中,元臣木華黎七世孫,蒙古紮剌亦兒氏,爲元後期名臣,擅長詩詞書畫。

吳廷燮據清錢大昕《廿二史考異》載:"七年朵兒直班爲中書右丞,後遷遼陽平章。"《黃溍集·魯國公碑》:"子朵兒直班進右丞兼御史中丞,改江南行臺御使丞,拜遼陽行省平章政事,以太常禮院使召,遷中正院使。今爲宗政院使。至正十年。"《黃文獻集》:"改元至正之明年,翰林學士朵兒直班,上親御翰墨,作'慶壽'兩大字以賜。後七年,臣朵兒直班由遼陽行省平章政事,入爲中政使。"①

生平事蹟見明宋濂《元史》卷一百三十九,清錢大昕《廿二史考異》,清屠寄《蒙兀兒史記》,李修生主編《全元文》卷一六一一。《元史》稱"朵兒直班立朝,以扶持名教爲己任,薦拔人才而不以爲私恩。留心《經》術,……喜爲五言詩,於字畫尤精。"著書四卷,帝賜名曰《治原通訓》,藏宣文閣。元陶宗儀《書史會要》云:"朵爾直班,蒙古人,官中政院使日,嘗奉敕書《鄧文肅公神道碑》。"清屠寄《蒙兀兒史記》亦説:"初爲五言詩,尤善書翰。"其詩今不傳。

李修生主編《全元文》卷一六一一收其文《題鄭氏義門家範後》一篇,輯於《麟溪集》巳卷。

此次點校文以明鄭太和輯《麟溪集》(清刻本)爲底本,文共計1篇。

---

① 詳參吳廷燮《元行省丞相平章政事年表》,《東北叢刊》1930年第6期。

題鄭氏義門家範後

太山王元戴出僉浙東憲[1]，余以書屬之曰："浦江鄭氏同爨者數世，賢使者宜爲風敎致意焉。"元戴後行部至其家，徘徊太息，賦詩而去。今觀其家規，周詳嚴密，雖唐宋名公卿素號有家法者，亦不是過，宜乎元戴嗟歎詠歌之不能自已也。鄭氏之子孫尚世守之，則永無隳廢矣。御史中丞朵爾直班書於京師迎陽坊之寶忠堂。字惟中，號中齋。

校記：

[1] 僉：《麟溪集》作"簽"，據《全元文》改。

忽 都 達 兒

忽都達兒(1296—1349),元仁宗延祐五年(1318)右榜狀元。

生平事蹟見李修生主編《全元文》。

今存文兩篇,《秘書監志》卷八《表箋》收其文《皇太子受册賀箋》,另有李修生主編《全元文》卷一四五七收其《重修關王廟記》一篇。

此次點校文《皇太子受册賀箋》以元王士點、商企翁編《秘書監志》(文淵閣《四庫全書》本)卷八《表箋》爲底本,《重修關王廟記》以王嘉猷督修,嚴綏之等纂修《莘縣志》(民國二十六年鉛印本)卷十爲底本,文共計2篇。

皇太子受册賀箋　延祐六年,忽都達兒[1]

鴻册東宮,允叶推尊於太極;龍墀南面,應符儲位於前星。宗社無疆,臣民有慶。中賀聰明時憲,剛健日新。遵祖訓以紹丕圖,宸闈晝永;奉慈顔而隆至養,宇宙春回。愛守器之克勤,實肇邦之是賴。臣某等式瞻鶴禁,叨職麟臺。隆儀如日之方升,休光仰荷;盛典與天而齊久,眷命恢洪。

校記:

[1]忽都達兒:文淵閣《四庫全書》本《秘書監志》作"呼圖克岱爾",係清人譯法。

重修關王廟記[1]　延祐七年

經云:事君能致其身,惟忠義之臣。戰陣有勇,臨難不避,身雖云亡，威名烜赫。千載之下，起敬慕，廣廟食，而爲明神者，其義勇武安王之謂乎！本傳載，王河東人。初，先主合徒衆於涿郡，王與張飛爲之禦侮，寢則同床，恩若兄弟，隨先主同徒衆周旋，不避艱險。先主襲殺車冑，使王守下邳，行太守事，而還小沛。建安五年，曹公東征，先主奔袁紹，曹公獲王以歸，拜爲偏將軍，禮之甚厚。紹遣大將軍顏良攻東郡太守劉延於白馬，曹公以王爲先鋒擊之，王見良麾蓋，策馬刺良於萬衆之中，遂斬其首以還，紹諸將莫能當之，遂解白馬圍。曹公即表封王爲漢壽亭侯。曹公壯王爲人，而察其心無久留意，謂張遼曰："試以情問之。"既而遼以問王，王嘆曰："吾素知曹公待我厚，然吾受劉君厚恩，誓以共死，不可背之。吾終不留，吾當立效以報曹公乃去。"遼以王言報，曹公義之。王乃殺顏良。曹公知其必去，重加賞賜，王盡封其所賜，拜書告辭而奔先主。嗚呼！王之言行可謂忠義者也。廟在莘之東百有餘步，始建歲月惜無碑考，值延祐七年大水爲患，簷楹俱圮，階門傾側，殆無以展邑人香火之敬。監縣明初公至大三年來治莘邑，與令劉克敬同心立政，俱修五事田野、賦役、户口、盜賊、詞訟，境内之民家受其賜。公性慷慨，不拘細行，志勇於義，至若勤課農桑，整齊人物，與夫起廢舉墜者，視他邑爲最盛，與人交，愈久愈厚，所以無貴賤皆得其歡心。今雖代閑，向所謂起廢舉墜者，心無少已，乃涓吉倡首出橐金，敬請莘好義家以王廟修葺告之，咸樂爲助。凡出木石瓦錢粟者，無遠近悉至。命工重修，公親蒞之，不兩閱月功畢。廟貌復新，築危隉，臨大首，三門卓然，層臺巍然，古栢森立，實一方之壯觀。今而後拜其遺像，想王之英風者，勵忠全節，不二其心，庶無愧焉，非若巫覡徼福之禱也。噫！物之隆替，誠自有數，然必貞固明敏之士方見克全，其明初公之謂乎！公持薊州學正王恒狀堅請以文，義不容辭，因爲之記。

校記：

[1] 此文輯自民國二十六年鉛印本《莘縣志》卷十。原題目爲《元仁宗延祐七年重修關王廟記》"，后有"進士託理忽都達兒"題注。

阿 魯 威

  阿魯威,一作阿魯灰、阿魯肇,字叔重,號東泉,人或以魯東泉稱之,元蒙古人。約生活於元英宗、泰定帝年間。元英宗至治間官南劍(今福建南平)太守,泰定帝泰定年間任經筵講官、翰林侍讀學士、參知政事。元末寓居江南。其他經歷知之甚少。不過從其作品所反映的內容來看,似乎他宦途並不順達,而且具有厭倦功名利禄,嚮往詩酒隱居的思想傾向。阿魯威禀賦優異,勤奮好學,精通蒙、漢兩種語言文字。他不僅擅長詞曲,而且對中國的歷史典籍深有瞭解。所以當時的一些知名人士如洪希文、張雨、虞集以及朱德潤等人都尊稱他爲"魯東泉學士""學士東泉魯公",也有人稱他爲"元室文獻之老"等,可見時人對他的敬重。阿魯威一生中主要過的是一種居士的生活,出任做官的時間很短。[①]

  生平事蹟見元虞集《道園學古録》,明宋濂《元史·本紀》卷三十,明徐一夔《始豐稿》卷十二,隋樹森編《全元散曲》。

  其漢文修養深厚,曾翻譯《世祖聖訓》《資治通鑑》等。能詩,與大詩人虞集等人有唱和。尤工散曲,今存十九支曲,散見於《陽春白雪》《樂府群珠》等書,隋樹森編《全元散曲》所收最多。

  其所作散曲,内容多爲鄙薄高官厚禄、嚮往隱居生活;抒發時光易逝、懷才不遇的個人情懷;讚揚古代英雄賢士等方面的作品。其風格豪

[①] 詳參雲峰《民族文化交融與元散曲研究》,廣西師範大學出版社,2011年版,第179—182頁。

放悲涼。另有以屈原《九歌》爲素材寫成的〔雙調〕《蟾宮曲》九首，語言典雅秀麗，風格浪漫神奇，受到時人讚賞。阿魯威一生隱居與否沒有明確的記載，其晚年寓居江南時脫離了政界。但他之前之後並未靜以處之，由於他對官場的不滿，時時抒發生不逢時、懷才不遇的感慨。

阿魯威一生中創作了不少詩詞散曲，惜多散佚，現存小令十九首，包括《蟾宮曲》十六首、《湘妃怨》二首、《壽陽曲》一首。明朱權在《太和正音譜》中稱其散曲"如鶴唳青霄"，並將其列入元散曲七十大家之列。

李修生主編《全元文》未載阿魯威之文。經過都劉平輯佚，發現阿魯威現存一跋一序2篇文章，分別爲《跋虞雍公〈誅蚊賦〉》《〈續軒渠詩集〉序》。《誅蚊賦》爲南宋名相虞允文作的賦。《續軒渠詩集》爲莆田人洪希文的別集，"莆陽"即莆田，元代隸屬於興化路。該序作於阿魯威任泉州路總管之時，泉州、興化二路接壤，阿魯威在此任期間，與洪希文交遊甚密，當時常往返於二路之間。[①]

此次點校小令以元楊朝英選，隋樹森校訂《新校九卷本陽春白雪》爲底本，以元楊朝英編《樂府陽春白雪》（元刻本、殘元本）、明無名氏輯《樂府群珠》（明鈔本）爲校本，小令共計19首；文《跋虞雍公〈誅蚊賦〉》以明汪砢玉編《珊瑚網》卷十（《景印文淵閣四庫全書》第818冊，第153頁）爲底本，《〈續軒渠詩集〉序》以清陸心源編《皕宋樓藏書志》卷九十九（《續修四庫全書》第929冊，第440頁）爲底本，文共計2篇。

〔雙調〕蟾宮曲

《東皇太乙》前九首以《楚辭·九歌》品成

東皇太乙

穆將愉兮太乙東皇，佩姣服菲菲[1]，劍珥琳琅[2]。玉瑱瓊芳[3]，

---

① 詳參都劉平《元代蒙古散曲家阿魯威佚文輯存及生平新考》，《民族文學研究》2017年第3期。

阿魯威

烝肴蘭藉,桂酒椒漿。揚枹鼓兮安歌浩倡[4],紛五音兮琴瑟笙簧。日吉辰良,繁會祁祁,既樂而康。

校記:

[1]菲菲:元刻本、殘元本作"菲服"。

[2]劍珥:元刻本、殘元本作"劍佩";《樂府群珠》作"劍泪"。

[3]瓊芳:《樂府群珠》作"瓊兮"。

[4]揚枹鼓兮:元刻本、殘元本、《樂府群珠》作"揚枹鼓"。

雲　中　君

望雲中帝服皇皇,快龍駕翩翩,遠舉周章[1]。霞佩繽紛,雲旗晻藹,衣采華芳。靈連蜷兮昭昭未央,降壽宮兮沐浴蘭湯。先我鸞章[2],後屬飛廉,總轡扶桑。

校記:

[1]遠舉:元刻本作"遠章"。

[2]先我:元刻本、殘元本、《樂府群珠》作"先戒"。

湘　君

問湘君何處翱遊,怎弭節江皋,江水東流。薜荔芙蓉,涔陽極浦,杜若芳洲。駕飛龍兮蘭旌蕙綢,君不行兮何故夷猶。玉佩誰留,步馬椒丘,忍別靈脩。

湘 夫 人

促江皋騰駕朝馳,幸帝子來遊,孔蓋雲旗。渺渺秋風,洞庭木葉,盼望佳期。靈剡剡兮空山九疑,澧有蘭兮沅芷[1]菲菲[2]。行折瓊枝,發軔蒼梧,飲馬咸池。

校記:

[1]沅芷:各本"沅芷"俱作"流芷",茲據元刻本及《九歌》改。

[2]菲菲：元刻本、殘元本作"苿苿"。

大　司　命

　　令飄風凍雨清塵,開閶闔天門,假道天津。千乘回翔,龍旗冉冉,鸞駕轔轔。結桂椒兮乘雲並迎,問人間兮壽夭莫憑。除却靈均,蘭佩荷衣,誰製誰紉?

少　司　命

　　正秋蘭九畹芳菲,共堂下蘪蕪,綠葉留黃。趁駕回風,逍遥雲際,翡翠爲旗。悲莫悲兮君遠將離,樂莫樂兮與女新知。一掃氛霓,晞髮陽阿,洗劍天池。

東　君

　　望朝暾將出東方,便撫馬安驅,攬轡高翔[1]。交鼓吹竽,鳴篪緄瑟[2],會舞霓裳。布瑶席兮聊斟桂漿,聽鏘鏘兮丹鳳鳴陽。直上空桑,持矢操弧,仰射天狼。

校記：

　　[1]攬：下原有"輿"字,兹從元刻本及殘元本。
　　[2]鳴篪緄瑟：元刻本作"鳴號緄瑟"。

河　伯

　　邀王侯四起衝風,望魚屋鱗鱗,貝闕珠宮。兩駕驂螭,桂旗荷蓋,浩蕩西東。試回首兮崑崙道中,問江皋兮誰集芙蓉。唤起豐隆,先逐黿鼉,後馭蛟龍。

山　鬼

　　若有人兮含睇山幽,乘赤豹文貍,窈窕周流[1]。渺渺愁雲,冥冥

106

阿 魯 威

零雨,誰與同遊[2]?採三秀兮吾令蹇脩,恨宓妃兮要眇難求。猨夜啾啾,風木蕭蕭,公子離憂[3]。

校記:

[1] 周流:《樂府群珠》作"同流"。
[2] 同遊:原作"同流",茲從元刻本及殘元本。
[3] 離憂:元刻本、殘元本"離憂"下俱有"九歌終"三小字。

懷 古[1]

鴟夷後那個清閑,誰愛雨笠烟簑,七里嚴湍?除却巢由,更無人到,潁水箕山。嘆落日孤鴻往還,笑桃源洞口誰關?試問劉郎,幾度花開,幾度花殘?

校記:

[1]《樂府群珠》題作"懷古"。

懷 古[1]

問人間誰是英雄?有釃酒臨江,橫槊曹公。紫蓋黃旗,多應借得,赤壁東風。更驚起南陽臥龍,便成名八陣圖中。鼎足三分,一分西蜀,一分江東。

校記:

[1]《樂府群珠》題作"又"字,是從"懷古"詩之意,故擬加此題。

旅 況[1]

正春風楊柳依依,聽徹陽關[2],分袂東西。看取樽前,留人燕語,送客花飛。謾勞動空山子規,一聲聲猶勸人歸[3]。後夜相思,明月烟波,一舸鴟夷。

校記：

[1]《樂府群珠》題作"旅況"。

[2]陽關：元刻本、《樂府群珠》作"玉關"。

[3]人歸：原作"云歸"，元刻本、殘元本同，茲從樂府群珠本。

懷　友[1]

動高吟楚客秋風，故國山河，水落江空。斷送離愁，江南烟雨，杳杳孤鴻。依舊向邯鄲道中，問居胥今有誰封？何日論文，渭北春天，日暮江東。

校記：

[1]《樂府群珠》題作"懷友"。

旅　況[1]

理征衣鞍馬匆匆，又在關山[2]，鷓鴣聲中。三疊陽關[3]，一杯魯酒，逆旅新豐。看五陵無樹起風，笑長安却誤英雄。雲樹濛濛，春水東流，有似愁濃[4]。

校記：

[1]《樂府群珠》題作"旅況"。

[2]關山：《樂府群珠》作"閨山"。

[3]陽關：《樂府群珠》同，元刻本作"玉關"。

[4]似：元刻本同，《樂府群珠》作"恨"。

無　題[1]

爛羊頭誰羨封侯？斗酒篇詩，也自風流。過隙光陰，塵埃野馬，不障閑鷗[2]。離汙漫飄蓬九有[3]，向壺山小隱三秋。歸賦登樓，白髮蕭蕭，老我南州。

阿　魯　威

校記：

[1] 題目乃編者擬加。
[2] 不障：《樂府群珠》作"不惹"。
[3] 離：元刻本、殘元本俱作"雖"，《樂府群珠》同。

遣　懷[1]

任乾坤浩蕩沙鷗，酤酒尋魚[2]，赤壁磯頭。鐵笛橫吹，穿雲裂石，草木炎州。信甲子題詩五柳，算庚寅合賦三秋。渺渺予愁，自古佳人，不遇靈脩。

校記：

[1]《樂府群珠》題作"遣懷"。
[2] 酤酒：《樂府群珠》作"沽酒"。

〔雙調〕壽陽曲

千年調[1]，一旦空，惟有紙錢灰晚風吹送。盡蜀鵑血啼煙樹中，喚不回一場春夢。

校記：

[1] 調：元刻本作"態"。

〔雙調〕湘妃怨

楚天空闊楚天長，一度懷人一斷腸。此心只在肩輿上，倩東風過武昌，助離愁烟水茫茫。竹上雨湘妃淚，樹中禽蜀帝王，無限思量。

夜來雨橫與風狂，斷送西園滿地香，曉來蜂蝶空遊蕩，苦難尋紅錦粧。問東君歸計何忙。儘叫得鵑聲碎，却教人空斷腸，漫勞動送客垂楊。

《跋虞雍公〈誅蚊賦〉》

宋之南，其宰執惟虞雍公爲最賢，觀其《誅蚊賦》，所謂"使天下之爲人臣者得以安其君，天下之爲人子者得以寧其親"，則知公之志。誅惡鋤姦者，欲以寧君親也，其以忠孝教天下後世者至矣。伯生世其家學，能于聖時致身西清，被寵眷也殊甚，及聞寂中乃書先太師此賦以贈人，其志亦有所在乎？閒上人再見伯生，其爲我驗之。和林魯威叔重父謹題。

《續軒渠詩集》序

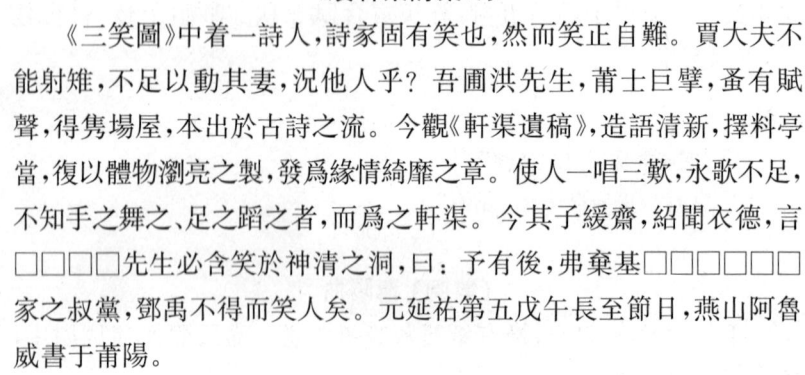

　　《三笑圖》中着一詩人，詩家固有笑也，然而笑正自難。賈大夫不能射雉，不足以動其妻，況他人乎？吾圃洪先生，莆士巨擘，盍有賦聲，得雋場屋，本出於古詩之流。今觀《軒渠遺稿》，造語清新，擇料亭當，復以體物瀏亮之製，發爲緣情綺靡之章。使人一唱三歎，永歌不足，不知手之舞之、足之蹈之者，而爲之軒渠。今其子緩齋，紹聞衣德，言□□□□先生必含笑於神清之洞，曰：予有後，弗棄基□□□□□□家之叔黨，鄧禹不得而笑人矣。元延祐第五戊午長至節日，燕山阿魯威書于莆陽。

塔不觪

　　塔不觪,字彥輝(一作"彥畢"),居河南。清顧嗣立、席世臣編《元詩選·癸集》載其元英宗至治間舉進士,官至湖南安鄉縣達魯花赤,終西臺御史。

　　生平事蹟見清顧嗣立、席世臣編《元詩選·癸集》(第381頁)。

　　清顧嗣立、席世臣編《元詩選·癸集》錄其《南禪寺》《靈寶觀》《安流曉渡二首》《蘭浦漁舟》詩共五首。此次點校詩以清顧嗣立、席世臣編《元詩選·癸集》爲底本,詩共計5首。

南禪寺

　　寶刹傳清梵,雲霞作綺羅。山空雲氣合,樹古雨聲多。好鳥啼青嶂,飛花點綠莎。丹崖如可約,吾亦訪盤阿。

靈寶觀

　　敲鞭吟入楚雲堆,道士出迎將鶴來。門徑雨深蒼蘚合,洞房春暖碧桃開。蒲團分座臨丹竈,松釀凝香壓酒杯。相與笑談忘世慮,更從何處覓蓬萊。

安流曉渡二首

　　依依雲覆楚天低,千里行人渡此溪。浮舫纔離芳草岸,征鞍復上綠楊堤。川連湘水迷蘭浦,路接桃園入故蹊。可歎共舟同濟客,明朝幾處候晨雞。

　　江頭初日起啼鴉，遠近行人下淺沙。船淺碧流如坐鏡，客依銀漢若乘槎。微茫雲路三千里，隱約煙村八九家。漫道濟川舟楫利，軒轅功業至今誇。

蘭浦漁舟

　　蘭浦香濤接澧湘，漁舟數葉泛滄浪。綠蓑篛笠生涯足，明月蘆花興味長。江草無情侵夢寐，煙波有分定行藏。令人還憶陶朱子，獨釣西風幾夕陽。

那木罕

　　那木罕(一作"那麼罕")，爲蒙古諸王，泰定時在世。生平事蹟及作品輯録見李修生主編《全元文》。李修生主編《全元文》卷九九一收那木罕《賀皇后箋》一篇。

　　此次點校文《賀皇后箋》以元王士點編《秘書監志》(文淵閣《四庫全書》本)卷八《表箋》爲底本，文共計1篇。

賀皇后箋　　泰定三年，那木罕[1]

　　歲集陬訾，茂啓三陽之運；春回禁苑，聿開六壼之祥。天地清明，宫闈愉悦。中賀。雅存懿範，丕著徽音。翟茀以朝，敏慧夙成於君道；彤管有煒，賢慈式建於母儀。克佐昌辰，允膺繁祉。某等職縻東觀，班簹内廷。漢殿禮嚴，願獻椒花之頌；周家化洽，行歌《樛木》之詩。

校記：

[1] 那木罕，《秘書監志》作"那摩罕"，係清人譯法。

哈剌臺

哈剌臺，哈兒柳温臺氏，泰定四年（1327）登進士第。哈剌臺登第後，歷任方城縣達魯花赤、漢陽州判官、徐州同知及内臺御史等職。任職漢陽時，哈剌臺曾刊行宋代以來詠歌當地太平興國寺古柏的詩集《禹柏集》，可見其非常喜愛詩歌。哈剌臺曾爲相臺許氏的《圭塘欸乃集》作跋，自署"諸生哈剌臺"，他可能是許有壬的弟子。蘇天爵曾爲其祖母作《元故贈長葛縣君張氏墓誌銘》。據蘇文所述，哈剌臺的祖父馬馬曾任池州總把，祖母張氏爲黄岡儒者張泰魯之女。哈剌臺既以許有壬、蘇天爵這樣的著名文士爲師友，其漢文造詣自然不凡。其跋文保存在《四庫全書》本《圭塘欸乃集》後。敘述簡而有法，其中不乏出彩的句子。

此次點校文以元許有壬《圭塘欸乃集》（文淵閣《四庫全書》本）爲底本，文共計1篇。

《圭塘欸乃集》跋

唐國子司業楊侯，以年滿七十白丞相去，歸其鄉。朝之公卿士庶共稱其賢，昌黎韓子有文以傳於世，世以爲美談。御史中丞相臺許公，以年老亦白大夫而去。當太行之麓、洹溪之濱，得地數十畝，築亭鑿池，深廣有度，樹以松竹杞梓，種以菱芡夫渠，水緑掩映。雖極人力，每雲收雨止，層巒獻翠，活水分清，儼若天鍾其秀。公率子弟，或舟楫或杖屨，蕩颺乎清流，徙倚乎亭之左右，更相唱和，殆無虚日。有

哈剌臺

《欸乃》一集鳴於時,不知楊侯之去有是樂否?今世士大夫宦遊中外老歸於鄉者有之矣,得山川之勝而燕遊者則鮮也;得山川之勝而燕遊者有之矣,弟若子俱能文辭者則鮮也。公以明經擢上第,致位廊廟,佐天子出政令幾三十年,膏澤被於民物者固多,諸福之美萃於一門,天之施於公也實厚。相之人凡出處去就,一以鄉先生爲法。是集之鳴也,益著衆所謂賢者又不得專美於昔矣。至正辛卯冬至前五日,諸生哈剌岱再拜。

密 蘭 沙

　　密蘭沙,生平事蹟不詳。明葉子奇《草木子》稱其曾官福建廉訪使,於元文宗至順二年(1331)作有《求仙詩》一首。
　　生平事蹟見陳衍輯撰《元詩紀事》卷四十二(第898頁)。
　　此次點校詩以明葉子奇《草木子》爲底本,以陳衍輯撰《元詩紀事》爲校本,詩共計1首。

求 仙 詩

　　刀筆相從四十年,非非是是萬千千。一家富貴千家怨,半世功名百世愆。牙笏紫袍今已矣,芒鞋竹杖任悠然。有人問我蓬萊事,雲在青山月在天[1]。

校記:

　　[1] 月:陳衍輯撰《元詩紀事》作"水"。

阿　榮

阿榮(？—1333)，字存初，蒙古怯烈氏人，大約生活在元武宗至文宗期間。其曾祖孛魯歡，元憲宗時拜中書右丞相。祖父也先不花，裕宗封爲燕王。父按攤，初事成宗，襲長宿衛，至大二年(1309)，拜行資德大夫、中書右丞，行浙東道宣慰使司都元帥。阿榮幼事武宗，由宿衛起家，歷官湖南道宣慰副使、湖廣行省左右司郎中、吏部尚書。泰定初，出爲湖南宣慰使，後改浙東道宣慰使都元帥，後因病辭官。文宗天曆初，復起用爲吏部尚書，參議中書省事。二年(1329)拜中書參知政事，知經筵事；後晉奎章閣大學士、榮祿大夫、太禧宗禋院使都典制神御殿事等職。時文宗圖帖睦爾對他非常眷遇，阿榮也盡心效力，知無不言。後來，他看到元廷日漸腐敗，王室互相傾軋，朝臣你争我奪，各地災荒連年，文宗雖興文治，但也不會久長，對此，他心中常鬱鬱不樂，但又無能爲力，遂在避世思想的指導下，謁告南歸武昌。順帝元統元年(1333)卒，終年約四十歲。

生平事蹟見明宋濂《元史》，清魏源《元史新編本紀·列傳》，清汪輝祖《元史本證》。

阿榮對易理之學亦有深刻的研究，能推斷事情的成敗利害及人的禍福貴賤。時人多奇之。可惜的是，他的詩文著作今無留存。

阿榮雖是宿衛出身，但博學多識，曾廣泛研究歷代戰亂得失，並爲元廷的腐敗深爲歎息。《元史·阿榮傳》載："阿榮閒居……，見其會心者，則扼腕曰：'忠臣孝子國家之寶，……'日與韋布之士遊，所至山水佳處，鳴琴賦詩，日夕忘返。"對於其才智，時人多有稱讚。著名學士虞集説："存初，國家世臣，妙於文學，以盛年登朝，在上左右，斯文屬望。"其南歸武昌以後，即寄情於翰墨之間，以此消度年華。

明朱權《太和正音譜》將其列入"俱是傑作"的散曲作家之列，並評論："其詞勢非筆舌可能擬，真詞林之英傑也。"

妥懽帖睦兒

妥懽帖睦兒(1320—1370),孛兒只斤氏,廟號惠宗,明太祖加尊號順帝,蒙古語烏哈篤汗,明宗長子。元末皇帝,在位三十七年,期間天災人禍,社會動亂,階級矛盾、民族矛盾和統治階級内部矛盾進一步尖鋭,農民起義風起雲湧。至正二十八年(1368)朱元璋攻陷大都,率后妃、太子、親王及殘餘部隊,退出大都,北走開平(今内蒙古錫林郭勒盟正藍旗東閃電河北岸)。元朝從此滅亡。次年四月死於應昌(今内蒙古赤峰市克什克騰旗境内)。其在位時間較長,漢文素養較高,喜舞文弄墨,寫詩作賦。

生平事蹟見明宋濂《元史》,清顧嗣立、席世臣編《元詩選·初集》,陳衍輯撰《元詩紀事》,白·特木爾巴根《古代蒙古作家漢文創作考》,趙相璧《歷代蒙古族著作家述略》等。

清顧嗣立、席世臣編《元詩選·初集》上卷首録其御製詩《贈吴王》一首,乃是順帝在開平爲答覆明太祖朱元璋的招降使者所作。明徐禎卿《翦勝野聞》根據明人沈節甫《紀録彙編》卷一百三十所載,惠宗北走開平後曾作有一首詩,以答明太祖:"元君既遁,留兵開平,猶有覬覦之志。"太祖遣使馳書,明示禍福,便做《答明主》,詩曰:"金陵使者渡江來,漠漠風煙一道開。王氣有時還自息,皇恩何處不昭回。信知海内歸明主,亦喜江南有俊才。歸去誠心煩爲説,春風先到鳳凰臺。"其中與清顧嗣立、席世臣編《元詩選·初集》所載《贈吴王》頸聯、尾聯"莫言率土皆王化,且喜江南有俊才。歸去丁寧頻囑咐,春風先到鳳皇臺。"詩句略有不同，有待進一步考證。

《元詩紀事》錄詩《答明主》《御製詩》《句》。趙相璧《歷代蒙古族著作家述略》載妥懽帖睦兒《御製詩》一首，並指出此詩作於至正年間。

妥懽帖睦兒能詩善畫，精於書法，陶宗儀《書史會要》評其書畫時說，他"改奎章爲宣文，崇儒重道，尊禮舊臣，萬幾之餘，留心翰墨，所書大字，嚴正結密，非淺學者可到。奎畫傳世，人知寶焉"。

李修生主編《全元文》存其《元統元年四月詔》《元統元年十月詔》《元統二年三月詔》《洪縣文廟聖旨碑》等九十九篇。

此次點校詩《贈吳王》以清張豫章奉敕編《御選元詩》爲底本，《御製詩》《句》以陳衍輯撰《元詩紀事》爲底本，詩共計3首。

贈吳王

金陵使者過江來，漠漠風煙一道開。王氣有時還自息，皇恩無處不周回。莫言率土皆王化，且喜江南有俊才。歸去丁寧頻屬付，春風先到鳳皇臺。

御製詩

父疾精虔禱上天，願將已算益親年。孝心感格天心動，恍惚神將帝命傳。

母渴思瓜正歲寒，那堪山路雪漫漫。雙瓜忽產空巖裏，歸奉慈親痼疾安。

句

鳥啼紅樹裏，人在翠微中。

凝香兒

　　凝香兒，本爲官妓，元順帝（1333—1370）時人，番僧珈璘真獻房中密術，廣選美女入宮，供元順帝淫樂，不論官宦平民，只要家有年輕女子的即行入册。凝香兒擅長鼓瑟，諳熟音律，舞姿優美，因爲才藝出衆被選入宮中，入宮很短的時間裏就被提爲才人。凝香兒與淑妃龍瑞嬌、程一寧、戈小娥、麗嬪張阿玄、支祁氏、才人英英最受元順帝寵愛，宮中稱爲"七貴"。凝香兒的身體柔軟有彈性。跳舞時騰空躍起，鞋帽也隨之飛向空中，待空翻一周後，起身的刹那恰好穿戴好鞋帽，分毫無誤，百試不差。某夕，順帝在天香亭宴飲，喚凝香兒侍酒歌舞。凝香兒著花冠錦鞋，舞姿若鷥鳥瑞鶴，引人浮想聯翩。順帝樂得心花怒放，一時高起興來，擁凝香兒入懷，攬其腰，撫其臉，曰："人言古有霓裳羽衣舞，如今卿之舞當可稱爲'翻冠飛履之舞'"。

　　明馮夢龍《情史》卷五"元順帝"條載："宮人凝香兒者，本宴妓也。以才藝選入宮，遂充才人。善鼓瑟，曉音律，能爲翻冠飛履之舞。舞間冠履皆翻覆飛空，尋如故，少頃復飛，一舞中屢飛屢復，雖百試不差。帝嘗中秋夜泛舟禁池，香兒著瑣裏緣蒙之衫。瑣裏，夷名，產撒哈剌蒙耳，如氈毼，但輕薄耳，宜其秋時著之。有紅綠二色。至元間進貢。帝又命工以金籠之，妝出鸞鳳之形，制爲十大衫，香兒得一焉。又服玉河花蕊之裳，于闐國鳥至河生花蕊草，采其蕊，織之爲錦。香兒以小艇蕩漾波中，舞婆娑之隊，歌弄月之曲，其詞云：'蒙衫兮蕊裳，瑶環兮瓊璫。泛予舟兮芳渚，擊予楫兮徜徉。明皎皎兮水如鏡，弄蟾光兮捉娥影。露團團兮氣清,風颼颼兮力勁。月一輪兮高且圓,華綵發兮鮮復妍。願萬古兮每如此,予同樂兮終年。'"

生平事蹟見明馮夢龍《情史》,清王翽繪畫《百美新詠圖傳·歷朝名女詩文圖記》,清周壽昌編《宮閨文選》,陳衍輯撰《元詩紀事》卷三十五。

《元詩紀事》卷三十五存詩《採菱曲》《採蓮曲》《弄月曲》《天香亭歌》四首。

此次點校詩以陳衍輯撰《元詩紀事》爲底本,詩共計 4 首。

採 蓮 曲

放漁舟兮湖之濱,剪荷柄兮折荷英。鴛鴦飛兮翡翠驚。張蓮葉以爲蓋兮,緝藕絲以爲衿。雲光淡兮微煙生。對芳華兮樂難極,返予棹兮山月明。

採 菱 曲

伽南楫兮文梓舟,泛波光兮遠夷猶。波搖兮舟不定,揚余袂兮金風競。棹歌起兮纖手揮,青角脫兮水瀠洄。歸去來兮樂更誰?

弄 月 曲

蒙衫兮蕊裳,瑤環兮瓊璫。泛予舟兮芳渚,擊余楫兮徜徉。明皎皎兮水如鏡,弄蟾光兮捉娥影。露團團兮氣清,風颼颼兮力勁。月一輪兮高且圓,華綵發兮鮮復妍。願萬古兮每如此,予同樂兮終年。

天 香 亭 歌

天風吹兮桂子香,來閶闔兮下廣寒。塵不揚兮玉宇净,萬籟泯兮金階涼。玄漿兮進酒,兔霜兮爲侑。舞亂兮歌狂,君飲兮一斗。雞鳴沈兮夜未央,樂有餘兮過霓裳。吾君吾王兮壽萬歲,得與秋香月色兮酬酢乎樽觴。

愛猷識理達臘

愛猷識理達臘(1334—1378),孛兒只斤氏,元順帝長子,兼中書令、樞密使,至正二十七年(1367)順帝命其統領天下兵馬,二十八年元王朝覆亡,次年隨順帝北走開平,駐應昌府。明洪武三年(1370),他繼位北元,十一年殁於漠南。他自幼居於大都,受到良好的文化教育,至正九年(1349)七月,"詔命太子愛猷識理達臘習學漢人文書,以李好文爲諭德,歸暘爲讚善,張沖爲文學"。同年冬,將宣文閣辟爲端本堂,作皇太子肄學之所。

生平事蹟見陳衍輯撰《元詩紀事》卷二《順帝太子》。

陳衍輯撰《元詩紀事》卷二録其《新月》一首,明葉子奇《草木子》録此詩後評價曰:"真儲君之詩也。"

此次點校詩以陳衍輯撰《元詩紀事》爲底本,詩共計1首。

新　　月

昨夜嚴陵失釣鈎,何人移上碧雲頭? 雖然未得團圓相,也有清光照九州。

帖木兒

清顧嗣立、席世臣編《元詩選·癸集》載,帖木兒于元惠宗至正間(1341—1368),官居福建行中書省參知政事。

帖木兒素好詩文,常於公務之暇出遊山川名勝之地,並吟詩作賦以自娛。

清顧嗣立、席世臣編《元詩選·癸集》,清張豫章奉敕編《御選元詩》收錄其《遊鼓山大頂峰》詩一首。

此次點校詩以清顧嗣立、席世臣編《元詩選·癸集》爲底本,詩共計1首。

遊鼓山大頂峰
肩輿直上白雲梯,古刹林深路欲迷。絕頂一聲長嘯罷,海天空闊萬山低。

也先忽都

　　也先忽都，原名均，字公秉，是中書左丞相太平之子，元順帝至正六年(1346)，帝賜太平蒙古姓氏，遂改今名。《元史》稱其"少好學，有俊才，累遷殿中侍御史、治書侍御史，翰林侍讀學士、兼襲虎賁親軍都指揮使。"後又任兵部尚書、同知樞密院事兼太子詹事等職。因其父未從太子密謀内禪，遂屢劾罷官，貶謫撒思嘉之地。後又劾其故違上命，令杖死。終年四十四歲。

　　生平事蹟見明宋濂等撰《元史》本傳，柯劭忞撰《新元史》，李學勤編《二十六史》。

　　也先忽都自幼熟讀經史，又喜賦詩，清錢大昕《元史藝文志》(又稱《補元史藝文志》)稱其著有《詩集》十卷，今未見傳世。

答蘭鐵睦爾

答蘭鐵睦爾,蒙古人。正議大夫、秘書卿。至正十五年(1355),代順帝祀西鎮。李修生主編《全元文》卷一七九一收答蘭鐵睦爾《祀西鎮碑記》一篇。

此次點校文以楊虎城、邵力子督修《續修陝西通志稿》(民國二十三年鉛印本)爲底本,文共計1篇。

祀西鎮碑記

至正十有五年春正月戊午朔,皇帝即位大明殿,既受群臣朝,乃詔中書。若曰:"維西鎮吴嶽,其遣正議大夫、秘書卿答蘭鐵睦爾,將仕郎、翰林國史院編修官王武代朕往祀。"蓋以遵彝典也。越十又六日癸酉,上御文德殿,舉香幣南鄉加額以受焉,所以重禮神而祈休貺也。答蘭鐵睦爾受詔,以閏月二十有四日辛亥至於祠下,謹齋沐就,次翼日壬子,祗帥守臣隴州官以羊一、豕一祭於大神。執事在列,陪臣在庭,薦祼陟降,悉如儀式,所以重君命而莫敢不虔也。先是,秦隴以東,關西以西,仍歲旱燠,大無麥禾,黎民阻飢。逮於冬春,雨雪弗降,百種不入,千里揚塵,山川無色,民胥怨咨。即將事之前夕,陰雲四興,霖雨霶霈,既而飛雨大作,萬物膏潤,草木欣欣向榮,山川爲之改觀。豈聖天子至誠而無遠不通,神之昭答應感而聰民不忒?民之麥秋有望,於是乎在。遂書之爲記。

達 不 花

達不花，元惠宗至正年間(1341—1368)官居大司農。

生平事蹟見明葉子奇《草木子》。

達不花善作宫詞，惜今多散佚。明葉子奇《草木子》稱其著有宫詞十數首，並詳細評述曰："元世祖皇帝思太祖創業艱難，俾取所居之地青草一株，置於大内丹墀之前，謂之誓儉草，蓋欲使後世子孫知勤儉之節。"

清顧嗣立、席世臣編《元詩選》，陳衍輯撰《元詩紀事》卷二十收録其《宫詞》一首。

此次點校詩以陳衍輯撰《元詩紀事》爲底本，詩共計1首。

宫　詞

黑河萬里連沙漠，世祖深思創業艱。數尺闌干護春草，丹墀留與子孫看。

月魯不花

月魯不花（？—1354），字彥明，號芝軒，蒙古遜都思氏。幼隨其父脱帖穆爾戍越（今浙江），從名儒韓性學。爲文下筆立就，燦然成章。就試江浙鄉闈，居右榜第一。順帝元統元年（1333）登進士第，"時龍仁夫爲主文，先一夕夢月中有花，及榜發，魁右榜者爲月魯不花，果與夢合。"授台州路録事司達魯花赤。該縣未有學，乃首建孔子廟，延儒士爲師，以教後進。後任廣東廉訪司經歷，至正元年改集賢待制，除吏部員外郎；因江浙糴米之功，升吏部郎中，尋拜監察御史；因上書言河間、長蘆造船之不便，遷工部侍郎；會方重選守令，除保定路達魯花赤；不久升吏部尚書，翰林侍講學士；後又改山南道廉訪使。爲官頗有政績，關心民生疾苦，曾議罷造海船三百艘耗疲民力之事，民遮道擁謝曰："微公言，吾民其斃矣。"在保定達魯花赤任上，由於能爲民辦事，保定百姓不忍其去，繪像以祀之。順帝至正十四年（1354），浮海北上，途中遇倭賊甚衆，與子侄、家人、同舟人八十餘，力戰不敵，不屈遇害。贈遼陽等處行中書省平章政事、上國柱，謚忠肅。

生平事蹟見明宋濂《元史·月魯不花傳》，清顧嗣立、席世臣編《元詩選·三集》（第322—325頁）。

月魯不花善詩，著有《芝軒集》，惜未傳世。今只流傳十一首詩作，見清顧嗣立、席世臣編《元詩選·三集》，其中九首又録自元末定水寺住持來復見心禪師編輯之《澹遊集》（國内存有瞿氏鐵琴銅劍樓

月魯不花

鈔本，日本有覆刻本）。

《中國古籍總目》載：月魯不花撰《芝軒集》一卷，清顧嗣立選，元詩選本（康熙刻、嘉慶光緒增修）；月魯不花撰《僉事月魯詩一卷》，清顧嗣立選，清席世臣續選，元詩選本（康熙刻、嘉慶光緒增修）。按顧嗣立所據本應編成於至正二十五年之後，顧氏所據之《澹遊集》是在鐵琴銅劍樓鈔本與日本刻本之外的第三個版本。從編成時間排序，這三種《澹遊集》先後當爲日本刻本、鐵琴銅劍樓刻本、顧嗣立所據本。

月魯不花與當時文壇名流及釋界高僧多有唱和，如劉仁本、高明、余闕、見心禪師諸人。高明有《寄月彥明省郎二首》曰："西山煙靄連朝好，南省官曹暇日多。詞客錦箋題水調，佳人翠袖拂雲和。"[1]

清顧嗣立、席世臣編《元詩選·三集》從《芝軒集》中輯錄其詩《次韻答見心上人二首》《謝見心上人并序》《余來四明見心禪師以詩見招既至山中使人應接不暇見心相與數日抵掌談笑情好益洽故再倡秋風之句爲他日雙峰佳話云》《泛鳴鶴湖次見心上人韻》《遊天重山》《夜宿大慈山次金左丞韻》《遊育王山》《余嘗遣僕奉商學士山水圖一幅爲見心禪師壽又嘗與師同宿大慈山和金左丞壁間所題詩韻而師有白河影落千峰曉碧海寒生萬壑秋之句故末章及之》《簡見心上人》《題高節書院》十一首，並於作者小傳中云其"詩見蒲庵禪師《來復澹遊集》中若干篇。"

趙相璧著《歷代蒙古族著作家述略》（第 19 頁）及王叔磐、孫玉溱、張鳳翔、吳繼昌、吳學恒選注《元代少數民族詩選》（第 160 頁）錄月魯不花《遊天童山》詩，其中"童"當爲"重"字之訛。

---

[1] 詳參雲峰《民族文化交流與元代詩歌研究》，內蒙古大學出版社，2013 年版，第 102—103 頁。

此次點校詩以清顧嗣立、席世臣編《元詩選・三集》爲底本，詩共計 11 首。

次韻答見心上人二首

每見詩文湖海上，前年相識北來初。客邊邂逅情何密，方外交遊跡似疏。師喜已通三藏法，我慚未讀五車書。秋風欲赴雲泉約，一榻清風萬慮除。

玉立雙峰古寺深，團團桂樹結清陰。編蒲盡孝追尊宿，製錦成文重士林。常日談經山鬼聽，有時持鉢洞龍吟。遠公曾許淵明醉，又寄詩來動客心。

遊天重山

山盤九隴翠岹嶢，太白星高手可招。路入松關雲氣合，天連寶閣雨花飄。承恩賜額開名刹，奉敕文碑荷聖朝。晨鼓暮鐘思補報，行看四海甲兵消。

題高節書院

遠聘羊裘到漢庭，竟忘龍衮略儀刑。先生不爲干人爵，太史何勞奏客星。潮上嚴灘浮海白，山連禹穴入雲青。高風千古成陳跡，唯有荒祠繞翠屏。

謝見心上人并序

至正乙巳秋八月，訪見心禪師於定水。出翰林歐、虞諸公往來詩文，皆當代傑作也，欵賞久之。因語及同年鼎實監州挈家赴任，客死於鄞，貧不能喪。見心買山以葬，使其存歿皆有所託。感其高義，因成一律以謝。

名山登覽意舒徐，不覺留連七日餘。童僕飽餐香積飯，主賓閒閱翰林書。買山葬友開神道，度子爲僧奉母居。方外高風敦薄俗，同年

月魯不花

感激更何如?

余來四明見心禪師以詩見招既至山中使人應接不暇見心相與數日抵掌談笑情好益洽故再倡秋風之句爲他日雙峰佳話云

相過有約待秋風,今到招提八月中。已遂登臨陪杖錫,不煩來往寄詩筩。雙峰對立開金粟,兩澗交流貫玉虹。政好雲泉共清賞,江頭歸棹又怱怱。

泛鳴鶴湖次見心上人韻

杜若湖中試彩舟,波光千頃鏡奩浮。芙蓉露冷滄洲上,楊柳風清古渡頭。鳴鶴數聲秋澹澹,閒鷗幾點思悠悠。相過未盡登臨興,更把琴書且暫留。

夜宿大慈山次金左丞韻

大慈名勝舊曾游,路轉平湖景最幽。巖下珠瓔時散彩,林間石馬尚鳴秋。昔扶紅日勳勞遠,今見青山草木稠。把酒不須評往事,海風吹月上西樓。

游育王山

育王名刹古流傳,燈火於今幾百年。舍利有光垂半榻,雨花無數散諸天。鐵輪高揭晴軒外,玉几端臨寶閣前。最憶能吟澹遊叟,東湖先渡月波船。

余嘗遣僕奉商學士山水圖一幅爲見心禪師壽又嘗與師同宿大慈山和金左丞壁間所題詩韻而師有白河影落千峰曉碧海寒生萬壑秋之句故末章及之

慈雲高閣起層陰,中有蒲庵老見心。海內才名通翰苑,江南聲譽冠叢林。寄詩常愧刊文集，送畫何煩贈屨金。前月清游得三友，寒生萬壑最能吟。

簡見心上人

避地東鄞郭外居，坐無齋閣出無輿。雲山滿眼常觀畫，烽火連年近得書。坐久頗能評海錯，交深多感饋鱸魚。近得家書，是日羽庭饋鱸。論文正欲頻相過，門掩清風客到疏。

察罕帖木兒

察罕帖木兒(？—1362)，字廷瑞，潁州沈丘(今屬河南)人。至正十二年(1352)授中順大夫。官至中書平章政事等。二十二年，遇刺身亡。贈推誠定遠宣忠亮節功臣、開府儀同三司、上柱國、河南行省左丞相，追封忠襄王，謚獻武。及葬，改贈宣忠興運弘仁效節功臣，追封潁川王，改謚忠襄，食邑沈丘縣，所在立祠，歲時致祭。

生平事蹟見明宋濂撰《元史》卷一百四十一本傳；清何源洙、馮澎修，清魯之璠纂《沈丘縣志》(乾隆十一年刻本)卷九；李修生主編《全元文》卷一八〇四等。

李修生主編《全元文》卷一八〇四收其《祭顏子文》一文，輯於清陳夢雷等纂《古今圖書集成·學行典》(光緒二十年同文書局石印本)卷一百五十四。

此次點校文以清陳夢雷等纂《古今圖書集成·學行典》(光緒二十年同文書局石印本)卷一五四爲底本，文共計1篇。

祭顏子文

惟公德冠四科，未達一閒。潛心好學，禹稷同冠。茲仗節鉞，廓清陰暍，軍旅事殷，未遑與祭，敬遣輔行，載達情意。尚饗。

仝　仝

仝仝,鄉貢蒙古解元,生平事跡不詳。

李修生主編《全元文》卷一七〇五收仝仝文一篇,作於至正五年(1345)三月,輯自清胡聘之輯《山右石刻叢編》(光緒二十七年刻本)卷三十六。

此次點校文以清胡聘之輯《山右石刻叢編》(光緒二十七年刻本)爲底本,文共計1篇。

潞州知州張奉議新塑五龍神像記　至正五年三月一日

五龍神廟,在潞之東南三十里處,太行之孤峰,其來遠矣。按《晉史》所載,自慕容時肇厥祥靈,首建廟事,故邦邑蔵祀,在河北居多。皇宋之熙寧三年五月旱,開國公劉渙刺潞州軍州事,禱雨于祠,而靈雨飛傾。酬神之賜,始塑五方龍像於正殿之後堂。大觀戊子歲八月,靈雨害稼。河東轉運判官王恒祈晴捷應,迺以狀聞。勑賜曰"會應王",褒神之應也。然五龍亦各錫以王號,東方曰廣仁,南方曰真澤,西方曰義濟,北方曰靈澤,中方曰孚惠,本其德而言也。且神所居之山,由是得名,亦曰五龍焉。兹山峙表封内,爲名鎮,禮宜秩祭,故潞之邦伯嚴祀之。至正辛巳,太原菊軒張侯瞻甫,諱景巖,名野仙佈化,剛明果毅,奕宦天朝,蓋學而仕、仕而學者也。烏府薦能,俾來尹是邦。歲壬午,會天亢陽,雨不時若,山待童而泉涸,禾麥半槁,地赭噓煙,耄稚呻吟,而跂踵望雲霓者萬萬,實侯理政之明年也。侯惻然諗諸僚佐曰："士,先天下之憂而憂,後天下之樂而樂。吾奉聖天子明訓,承宣斯土,職膺字牧,而雨澤愆期,闔境之民,匪遑奠居。寧却祿食,不忍戕百穀以傷民。雖旱乾之厄,天災示譴,民上之責,果可逭乎?考之往昔,則成湯有七年之旱,且嬰茅斷爪,躬禱林藪,所以重民食也。我當齋沐致虔於龍山之神,懇求甘澍,以慰民望。可乎?"僉曰："善。"遂竭誠滌慮,嬰醴酎,走拜宇下。民之觀仰者全集,香酌未竟,雨之作者霈然,感神麻而上下懽忭。侯憫靈祠汩于草莽,歲歷綿久,繪彩剝蝕,簷楣崩墮,雖萬木脱能支也。首新庇神前殿三楹,并應門等。梓匠獻智,民叶情者蟻附。摧者扶之,缺者補之,凡基礎榱甍、簷扉瓦梲,悉以絢旵。四望環墻,隅楞峻直。未十旬,美功克完,豐榮之狀,倍蓰於昔。叢給之需,咸備於官,而民弗擾也。尚慮雨暘祈請,無水以供神釜,於廟門東南二十餘步,相地作井。神靈暗符侯德,未逾丈而飛泉上達。既又肯亭其上,覆翼斯井,置扃鐍,衛觀者之瀆。又明年甲申秋,侯說稼躬省神宇,尤慮作新之志靡周,挽鄉邦耆老喻之曰："殿後有五龍之故堂焉,肇造于古,迨今千載。瓦墜土浸,木腐神弊,板蕩凋落,千百之存,奚翅一二?況龍之爲神,鼓風霆,駕煙霧,出沒乎宇宙,而變化莫測。雖神之形寓乎此,而神之靈在天。且敬神之念存於此,則神之靈也應乎彼。廟貌不嚴,何以稱栖神之願哉?我將新其堂暨其像,以塞靡周之念。爾其輸力乎?"衆皆曰："諾。"侯命上黨縣主簿散只兀台董其役,迺割俸金爲木石之資,趨役者雲會,經營謀畫,如前殿之制。落成之日,顔其扁以壯輪奐之光。繼而命工塐五龍於堂内,楺木爲骨,組繪爲皮,羽甲文彩,各以其宜。取《大易》"飛龍在天"之象,以中央之孚惠居正楹,廣仁、真澤居東楹,靈澤、義濟居西楹。而龍之黼黻,色以異尚,鬚目鱗鬣,齒距形角,毫末纖備,遒活奮迅,而迴顧夜光之珠。靁師鼓風霆于巽方,電嫗掣金蛇於坤位,咸駕馭祥光,爲之前驅。煙雲布護,晻靄一堂,瞻者爲之起敬。創役於處暑之先,訖功於重陽之後。有五龍鄉耆老郭才等請文於予,用紀鼎新之盛。嘗惟天下之事，創始非難，而繼述爲難。且龍山在郡圻埒中爲名鎭，而龍居之，亘古而祀事弗泯，故龍之靈有在，而陰祐一方。曩者廟貌雖存，委圮之勢，日就崩毀。始也禱雨勃應，報神賜，大新前祠，終又改塐五龍於後殿。昔者作其形於皇宋之熙寧，今迺新其像于大元之至正。舉數百年之廢墜，爲一朝之美，觀侯敬神之志爲何如？將見風雨以時，物不疵癘，歲獲有年之登，神所以復侯功、篤民祜也渥矣。他日沃壤之民，歲時香火于祠下，則酌龍淵而憶深澤，捫穹碑而思至德，咸曰："我侯往矣，德澤斯存。俾吾耕鑿以利，而享含哺之樂。"嗚呼仁哉！又豈徒作峴山之悲而已！故直書其概，備將來之鑑云爾。其文曰：

太行之嶺，有峰蔚焉，霧瀚雲蒸，高出乎天。上有靈祠，是曰五龍，昭成祀典，源自慕容。龍乎允靈，維民事之，職司潤物，歷年久之。壬午亢陽，群姓喧喧，潞之有牧，厥惟菊軒。憂民之憂，子愛彌篤，禾麥將枯，我寧不告。奔走祠下，齋沐亶誠，酌以芬苾，天瓢奄傾。荷神之祺，靈宇皆新，于經于營，贊役子民。龍之像古，艷彩凋落，置彼穹堂，於焉改作。色準五方，文以金碧，蜿蜒其形，昂戢孔碩。雲行雨施，渥我黍稷，神貺昭答，淵乎叵測。伊孰其功，曰侯之力，於萬斯春，懸茲昌德。有元至正五年三月乙酉。

巴匝拉瓦爾密

巴匝拉瓦爾密(？—1382)，孛兒只斤氏，成吉思汗後裔。元順帝時封爲梁王，鎮守雲南，以鄯闡(今雲南省昆明市)爲王都。至正二十二年(1362)春，四川起義軍首領明玉珍率紅巾軍攻雲南，鄯闡被攻破，梁王出奔威楚(今雲南省楚雄市)。後賴大理總管段功出兵打敗紅巾軍，梁王才轉危爲安。四年後，梁王聽信讒言殺害段功。洪武十四年(1382)，朱元璋派三十萬大軍征伐，梁王兵敗自殺。

此次點校詩以清顧嗣立、席世臣編《元詩選》爲底本，明楊慎《南詔野史》亦載，詩共計1首。

奔威楚道中作
野無青草有黃塵，道側仍多戰死人。觸目傷心無限事，雞山還似舊時春。

阿　　樵

　　阿樵,生卒年未詳,元後期雲南行省梁王巴匝拉瓦爾密之女,大理九代總管、雲南行省平章政事段功之妻。段功後爲梁王左右誣陷並殺害,阿樵作《愁憤詩》以悼之,後殉情死。

　　柯劭忞《新元史·列女傳·阿樵公主傳》載其爲:"大理段功妻也。功初襲爲蒙化知府。明玉珍自蜀分兵攻雲南,梁王及行省官皆走。功獨進兵敗之。梁王深德功,以公主妻之,授雲南行省平章政事。功自是不肯歸。或譖之梁王曰:'段平章心叵測,盍早圖之。'梁王密召公主謂曰:'功志不滅我不已,今付汝孔雀膽,乘便可毒之。'主潸然,私與功曰:'我父忌阿奴,願與阿奴西歸。'因出毒示之,功不聽。明日邀功東寺演梵,陰令番將格殺之。公主聞變大哭,欲自盡。王防衛甚密。因悲憤作詩曰:'……'竟死。"

　　阿樵生於塞外,身爲公主,出入貴門,又爲國人(蒙古人)。段功本系大理人氏,立有戰功。率部一舉擊退了對雲南梁王構成威脅的明玉珍的紅巾軍,化險爲夷,轉危爲安,"梁王深德功,以公主妻之。"阿樵與段功彼此敬重,傾心相愛。美滿歡樂的生活激發了詩人的詩情。

　　生平事蹟見明楊慎《滇載記》,明顧應祥《南詔事略》,明謝肇淛《滇略》,清張廷玉《明史》卷一百二十四,清錢謙益《列朝詩集小傳·閨集六》。

　　今存其詩《金指環歌》《愁憤詩》兩首。明楊慎《南詔野史》載其

阿 㜷

《金指環歌》一首。此詩寫於段功擊敗明玉珍起義軍之後。詩中主要讚頌了段功英勇出戰，榮立戰功，受到嘉獎及其忠貞不渝的精神，並表示出自己對段功愛情的真誠及其高興的心情。對段功的盛讚，對夫君的愛慕，溢於言表。段功後來蒙受不白之冤屈死。身爲段功之妻，阿㜷心如刀絞，悲憤欲絶，乃作《愁憤詩》以悼之，殉情而死。

此次點校詩《金指環歌》以明楊慎《南詔野史》（《叢書集成》本）爲底本，《愁憤詩》以陳衍輯撰《元詩紀事》卷四十爲底本，詩共計2首。

金 指 環 歌

將星挺生扶寶闕，寶闕金枝接玉葉。靈輝徹南北東西，皎皎中天光映月。玉文金印大如斗，猶唐貴主結配偶。父王永壽同碧雞，豪傑長作擎天手。

愁 憤 詩

吾家住在雁門深，一片閒雲到滇海。心懸明月照青天，青天不語今三載。欲隨明月到蒼山，悮我一生踏裏彩。吐嚕吐嚕段阿奴，施宗施秀同奴歹。雲片波鱗不見人，押不蘆花顏色改。肉屛獨坐細思量，西山鐵立霜瀟灑。

八 禮 臺

八禮臺,蒙古人。

生平事蹟見清顧嗣立、席世臣編《元詩選·癸集》。

清顧嗣立、席世臣編《元詩選·癸集》中録其七律《題梅花道人〈墨菜圖〉》一首。此乃題畫之作。"梅花道人"爲元朝著名畫家吴鎮之號。吴鎮工畫,素好淡食,著有《梅花道人遺墨》二卷。"墨菜",指菘菜。八禮臺素與吴鎮交往甚密,對其爲人、品德非常欽佩,故詩中高度讚頌了他的清苦生活和樸實作風。此詩文字平易,道理深刻,它不單是對吴鎮的讚美,而且也反映出詩人本身的性格、愛好及其追慕之德行。

此次點校詩以清顧嗣立、席世臣編《元詩選·癸集》爲底本,詩共計1首。

題梅花道人《墨菜圖》

時人盡説非甘美,齩得菜根能幾人。莫笑書生清苦意,比來食淡更精神。

不花帖木兒

不花帖木兒，字惠新（一作"德新"），世居西域北庭（今新疆昌吉）。清顧嗣立、席世臣編《元詩選·癸集》載："不花帖木兒字德新，國族居延王孫也。以世胄出入貴游間，而無裘馬聲色之習。所爲詩，落筆有奇語。"

生平事蹟見元楊維楨《西湖竹枝集序》，清顧嗣立、席世臣編《元詩選·癸集》（第888頁），陳衍輯撰《元詩紀事》卷二十四。

清顧嗣立、席世臣編《元詩選·癸集》存其詩《宮詞》《西湖竹枝詞》兩首；陳衍輯撰《元詩紀事》存其詩《絕句》《西湖竹枝詞》兩首。按陳衍所輯其詩《絕句》當爲清顧嗣立、席世臣編《元詩選·癸集》所載《宮詞》。不花帖木兒有文采，善爲詩。其詩風格清新雋永，語言自然生動。元楊維楨《西湖竹枝集》中評論其："所爲詩，落筆有奇語。如《絕句》：'玉樓珠箔晚天涼，……'，亦宮詞之體也。"

此次點校詩以清顧嗣立、席世臣編《元詩選·癸集》爲底本，詩共計2首。

西湖竹枝詞
湖上春歸人未歸，桃紅柳綠黃鶯飛。桃花落時多結子，楊花落處祇沾衣。

宮　詞
玉樓珠箔晚天涼，秋色依稀滿建章。金井梧桐霜葉盡，自隨流水出宮牆。

伯顏九成

伯顏九成,字不詳。清顧嗣立、席世臣編《元詩選·癸集》(癸之丁)載其曾官湖南行臺監察御史。

生平事蹟見清顧嗣立、席世臣編《元詩選·癸集》(癸之丁)。

清顧嗣立、席世臣編《元詩選·癸集》(癸之丁)載其《柳先生祠》《君山》二首。

此次點校詩以清顧嗣立、席世臣編《元詩選·癸集》爲底本,詩共計2首。

柳先生祠

柳侯昔羈逐,嶺海萬死中。詩文既不泯,寧惡禄位崇。倒指數百載,廟食何沖融。天意化南紀,卓然變蠻風。祠下冉溪綠,羅池荔子紅。著論播遐邇,聲與韓爭雄。盜名欺世者,黔驢慚自衷。九原如可作,終焉允依躬。文華發三歎,群學開朦朧。

君山

鄂渚天開出畫圖,君山螺立洞庭湖。登樓西望江分楚,倚檻東臨水入吳。浩浩海潮遊赤壁,悠悠雲氣隱蒼梧。人生擾擾成何事,却羨沙邊釣艇孤。

伯顔帖木兒

　　伯顔帖木兒，生平事蹟不詳。清顧嗣立、席世臣編《元詩選・癸集》説他"登進士第"，並載有《侍分司遊金城開福寺》一首。
　　此次點校詩以清顧嗣立、席世臣編《元詩選・癸集》爲底本，詩共計1首。

侍分司遊金城開福寺

　　自慚辛苦一書生，曾聽鴻臚曉唱名。暫領銅章來石邑，欣倍繡斧上金城。天涵殿角撐空闊，溪接簪牙漱淺清。珍重坡山留玉帶，山門千古有光榮。

達實帖木兒

達實帖木兒（或作塔失帖木爾），脱歡之子，兀魯兀惕氏，清顧嗣立、席世臣編《元詩選・癸集》載其官居刑部侍郎。

生平事蹟見清顧嗣立、席世臣編《元詩選・癸集》，趙相璧著《歷代蒙古族著作家述略》（第 48 頁），王叔磐、孫玉溱、張鳳翔、吳繼昌、吳學恒選注《元代少數民族詩選》（第 311 頁）等。

達實帖木兒善爲詩，著有《岐山八景》。清顧嗣立、席世臣編《元詩選・癸集》癸之丁（第 401 頁）録其《岐山八景》中的《鳳鳴朝陽》和《五丈秋風》（清光緒《岐山縣志》題爲《五丈原懷古》）兩首。

此次點校詩《鳳鳴朝陽》以清顧嗣立、席世臣編《元詩選・癸集》爲底本，《五丈原懷古》以清胡昇猷修，清張殿元纂《岐山縣志》（光緒刻本）爲底本，詩共計 2 首。

鳳鳴朝陽
聞道周朝瑞鳥來，扶桑光射海雲開。孤桐漫有鴟鴞集，月落空山起宿靄。

五丈原懷古[1]
八陣圖荒認舊痕[2]，當年蜀相駐三軍[3]。出師不遂中原志，老樹寒鴉鎖暮雲[4]。

達實帖木兒

校記：
［1］《元詩選·癸集》題作"五丈秋風"。
［2］陣：《元詩選·癸集》作"陳"。
［3］相：《元詩選·癸集》作"將"。
［4］鴉：《元詩選·癸集》作"烟"。

朵　只

朵只,蒙古人,清顧嗣立、席世臣編《元詩選·癸集》載,其曾官婺州江山縣(今浙江西部)達魯花赤。

生平事蹟見清顧嗣立、席世臣編《元詩選·癸集》。

清顧嗣立、席世臣編《元詩選·癸集》録其所著七律《水簾泉》一首。

此次點校詩以清顧嗣立、席世臣編《元詩選·癸集》爲底本,詩共計1首。

水　簾　泉

山泉當户若垂冰,一派源泉古自今。澗下風吹銀綫溜,巖前月落玉鈎沉。寒生禪席松扉濕,冷浸仙居歲月深。隔斷紅塵飛不到,水晶簾作老龍吟。

達魯花赤

達魯花赤,清顧嗣立、席世臣編《元詩選·癸集》謂其生平見《聞喜縣志》,署其名爲達魯花遲。其作品見載較少,僅《聞喜縣志》中載其作《開化寺避暑二首》,爲旅途即興之作。

此次點校詩以清陳作哲修,清楊深秀纂《聞喜縣志續》(光緒六年刻本)爲底本,詩共計 2 首。

開化寺避暑二首

行遍東州二十城,驛亭猶自候雞聲。歸來又上寒沙漠,此是雲中第一程。

西風策馬路旁城,人識星郎語笑聲。旬日得詩三十首,相逢遒道有官程。

鈤韉啞

鈤韉啞,居晉陽,官御史。

生平事蹟及作品輯録見陳衍輯撰《元詩紀事》卷三十二,趙相璧《歷代蒙古族著作家述略》(第53頁)等。

鈤韉啞無詩集傳世,陳衍輯撰《元詩紀事》卷三十二録其《戲贈瞽者》一詩。明葉子奇《草木子》詩前小序評語:"鈤韉啞御史春日與一瞽者並馬出遊晉陽,因戲贈以詩云云。不待吟諷,亦知其爲瞽者之詩也。"

此次點校詩以明葉子奇《草木子》爲底本,以陳衍輯撰《元詩紀事》爲校本,詩共計1首。

戲贈瞽者

就鞍和袖挽絲韁[1],也逐王孫出晉陽。人笑但聞誇景物,風來應解審笙簧。馬蹄響處無芳草,鶯舌調時有緑楊。休道不知春色好,東風桃李一般香。

校記:

[1] 挽:《元詩紀事》作"綰"。

和禮普化

和禮普化官居元河東山西廉訪僉事。生平事蹟不詳。
清顧嗣立、席世臣編《元詩選·癸集》錄詩《明月泉》一首，
此次點校詩以清顧嗣立、席世臣編《元詩選·癸集》爲底本，詩共計1首。

明月泉

古昔蒲子地，今縣名隰川。去城十里許，風景分媸妍。瑩此巖上月，照彼厓下泉。波光始蕩漾，兔影成嬋娟。陰氣固相乎，陽應何昭然。靜觀物有感，方知理無偏。心鏡生皎皎，德化流涓涓。時備憲府列，忝乘驄馬前。適來暮春月，勝賞中秋天。作詩記石壁，怳若人間仙。

老　　撒

　　老撒，生平事蹟不詳，清顧嗣立、席世臣編《元詩選·癸集》謂其生平見《沂州志》，並録《艾山懷古》一首。此詩爲記遊山水之作，艾山在山東臨沂西二十五里，風景幽美，巘岮秀拔，上産靈艾，光異不凡。作者至艾山，被其秀麗的景色打動，於是以詩的語言將其再現。此詩描寫風景，平易曉暢，音韻俱佳，不失爲佳作。

　　翟勝健《我國古代蒙古族文藝家簡介》將其收入"元代蒙古族文藝家"之列，稱："老撒，工詩。元時在山東沂州（今山東臨沂）居官，《沂州志》亦載其所著詩《艾山懷古》。"

　　此次點校詩以清顧嗣立、席世臣編《元詩選·癸集》爲底本，詩共計1首。

艾山懷古
　　滿山松檜倚空長，流水漂花遠澗香。盟會有基人到少，但聞啼鳥送斜陽。

夏拜不花

　　夏拜不花，清顧嗣立、席世臣編《元詩選·癸集》謂其生平見《泗州志》。

　　清莫之翰修《泗州志》（康熙三十七年刻本）載其詩《會景亭》一首，清顧嗣立、席世臣編《元詩選·癸集》録其詩《會景亭》一首。

　　此次點校詩以清莫之翰修《泗州志》（康熙三十七年刻本）爲底本，詩共計1首。

會　景　亭

　　欲過淮流此待期，玻瓈亭下漫題詩。歸程恰值東風煖，正見輕紅半吐時。

奚漠伯顔

奚漠伯顔，正史無傳，生平事蹟不詳。清顧嗣立《元詩選・癸集》載其於元朝時官居湖南行臺侍御史，後北還，工詩善文。

清顧嗣立、席世臣編《元詩選・癸集》收錄其詩《石鼓書院》三首。石鼓山在今湖南省衡陽市北，雄踞蒸水與湘江的合流處。山有高兩米的大石鼓，故名石鼓山。其山峻峭聳拔，風景宜人，有"湖南第一勝地"之稱。唐時李寬築廬讀書於此，柳宗元、韓愈等人也都在此講過學。宋太宗至道三年（997），始建書院，宋仁宗景佑二年（1035）賜"石鼓書院"額，與應天、嶽麓、白鹿同爲當時我國四大書院。奚漠伯顔曾在湖南居官，舊地重遊，故友相逢，甚是喜悦，遂賦此三首以記。

此次點校詩以清顧嗣立、席世臣編《元詩選・癸集》爲底本，詩共計3首。

石鼓書院三首

龍蟠虎踞甃琴壇，萬壑同承石鼓山。蒸水遠連湘水去，檜聲遥雜雁聲還。回看星斗朱陵上，佇聽金絲綠净間。欲刻新詩酬勝景，磨崖應愧雨苔斑。

儒宫直上接蓬萊，迥隔人間絶點埃。石鼓枕湘雲影亂，宂尊酌酒月光來。江澄緑净雙流合，嶽貫朱陵一竅開。只有丹心惟戀闕，凌風長嘯望金臺。

奚漠伯顔

　　雲開衡嶽放新晴,舊客今爲萬里行。二水合流浮石鼓,一聲回雁落山城。朱陵不改千年迹,緑净重登六載情。多謝歲寒三二友,殷勤握手笑相迎。

埜喇

埜喇，官右丞。謫滇，至澂江，愛漱玉山華藏寺幽秀，遂棲息其中，以詩書自娛，足跡不履城市。卒，葬於寺之半山。

生平事蹟見清柳正芳修《澂江府志》（康熙五十八年刻本），李斌點校《新纂雲南通志》卷十。

清顧嗣立、席世臣編《元詩選·癸集》錄其詩《華藏寺》一首，李元陽《雲南通志》卷十三、方國瑜主編《雲南史料叢刊》第二卷亦有收錄。華藏寺位於雲南澂江縣東的闕曆山中，創建於齊、梁之時。據稱寺內樸壑幽秀，有翠壁丹崖，清泉古樹之勝。作者晚年曾寓居此寺。埜喇卒後，葬於闕曆山華藏寺之側。

此次點校詩以清顧嗣立、席世臣編《元詩選·癸集》為底本，詩共計1首。

華藏寺

法鐘聲遠透禪關，華藏招提煙霧間。浮世已更新態度，青山不改舊容顏。洞門水湛潛龍臥，松頂風生野鶴還。擬欲敲開名利鎖，洗心常伴老僧閒。

楊 景 賢

　　楊景賢，名暹，後改名訥，字景賢，一字景言，別號汝齋。其生平經歷不詳，據明賈仲明《錄鬼簿續編》："楊景賢，名暹，後改名訥，號汝齋。故元蒙古氏，因從姐夫楊鎮撫，人以楊姓稱之。善琵琶，好戲謔，樂府出人頭地。錦陣花營，悠悠樂志，與余交五十年。永樂初，與舜民一般遇寵，後卒於金陵。"大約生活於元順帝至元、至正時（1333 年前後）至明成祖永樂年間，是元末明初著名蒙古族雜劇家。其劇作是走向衰落時期的元雜劇創作的重要作品。

　　明初永樂年間"特重語禁"，大約封建統治者想籠絡一批有影響的文人與戲曲家，楊景賢以其才名，被召入宮，曾擔任皇家音樂、戲曲顧問。但他對居官仕宦並不感興趣，湯舜民在《送景賢回武林》曲中說他是"酒中遇仙，詩中悟禪，有情燕子樓，無意翰林院"。這也和他散曲中所反映的不滿官場傾軋，想隱居修仙的思想一致，後不久便死於金陵。按其小傳，知楊氏生平有"三要"：其一要"樂府出人頭地"；其二要"錦陣花營，悠悠樂志"；其三要"永樂初，與舜民一般遇寵"。楊景賢自幼好學，精通漢文漢語，擅長音律和辭賦，所以賈仲明稱他"善琵琶，好戲謔，樂府出人頭地。錦陣花營，悠悠樂志"。

　　生平事蹟見元鍾嗣成著《錄鬼簿》，明賈仲明《錄鬼簿續編》，明李開成《閒居集文集》卷六，明田汝成《西湖遊覽志餘》卷二十五，陳衍輯撰《元詩紀事》。

　　楊景賢一生致力於雜劇與散曲創作，與同時代人著名戲曲家兼戏曲評論家賈仲明及湯式等人保持著廣泛的友誼,並且與當時一些著名演員交往密切,爲他們採集資料、編寫劇本。明周憲王在《煙花夢引》中說:"嘗聞蔣蘭英者,京都樂籍中妓女也,志行貞烈,捐軀於感激談笑之頃。錢塘楊訥爲作傳奇深許之。"正因爲他與同道切磋技藝,並與下層人民有廣泛的交往,瞭解民情,熟悉社會,掌握雜劇的演出和表現技巧,所以,他的創作品質高、數量多。明朱權在《太和正音譜》裏給予高度評價:"楊景言(賢)之詞如雨中之花。"

楊景賢的雜劇作品,據《錄鬼簿續編》所載共十八種,即《西遊記》《劉行首》《天台夢》《偃時救駕》《生死夫妻》《玩江樓》《西湖怨》《爲富不仁》《待子瞻》《三田分樹》《紅白蜘蛛》《巫娥女》《保韓莊》《盜紅綃》《鴛鴦宴》《東嶽殿》《海棠亭》《兩團圓》。其中只有《西遊記》《劉行首》兩劇全本傳世,另有《天台夢》存佚文三曲,其餘僅存劇目、正名。

楊景賢之雜劇大體可以分爲如下三類:第一類是神仙度脫劇。如《西遊記》《劉行首》《天台夢》等。第二類是描寫男女風情劇。如《玩江樓》《紅白蜘蛛》《盜紅綃》等。第三類是反映市俗人生的雜劇。如《爲富不仁》《三田分樹》《兩團圓》等。《爲富不仁》今只存劇目,題下注"貪財漢爲富不仁",本事已無可考。

《西遊記》雜劇是楊景賢的代表作,約成書於元末明初。六本二十四折。現傳有多種版本。其中最主要的是明萬曆四十二年(1614)刻本,藏於日本内閣文庫。1928年,日本斯文會據以排印,始得流傳。題名《楊東來先生批評西遊記》。署"元吳昌齡撰",實誤。考吳昌齡是元初雜劇家,著有雜劇《唐三藏西天取經》,元鍾嗣成《錄鬼簿》中作《西天取經》,題下注錄原劇之題目和正名爲"老回回東樓叫佛,唐三藏西天取經"。據傅惜華考訂:"吳氏此劇,未見全本流傳於世,僅於《萬壑清音》《北詞廣正譜》《九宮大成南北詞宫譜》《納書楹曲譜》中,錄有散曲佚文。"另據近人孫楷第考訂,亦認爲明萬

楊 景 賢

曆本《西遊記》雖署"吳昌齡撰",乃出自明人僞託,實屬楊景賢所作。如其説:"今本《西遊記》是明初人楊景言作的,有《録鬼簿續編》及傳是樓舊藏本《詞謔》可證。今本《西遊記》以及其他書標舉著録,書吳昌齡,是明萬曆以後人不知曲是楊景言作誤屬之吳昌齡的,其實吳昌齡曲情節文字體裁與今本《西遊記》皆不同,萬不能認爲是一書。"《録鬼簿續編》著録此劇簡名爲《西遊記》,題爲楊景賢作。另見1959年中華書局出版的隋樹森編《元曲選外編》,據孫楷第考證將此《西遊記》雜劇歸入楊景賢名下。但也有存疑者,如王季思主編之《全元戲曲》,就將《西遊記》存疑收在吳昌齡名下,並言明"姑將此劇繫諸吳氏名下"。這恐怕也是受明萬曆本誤題爲吳昌齡撰影響所致。①

雜劇《劉行首》正名爲《北邙山倡和柳梢青,馬丹陽度脱劉行首》。成書約在明初,是公式化的"神仙度脱劇"。全劇共四折。此劇流傳的版本有三種:《古名家雜劇》本,《元明雜劇》本和《元曲選》本。其中《元明雜劇》本是影印《古名家雜劇》本的。雜劇《天台夢》,正名爲《盧時長老天台夢》,今無傳本,唯明朱權《太和正音譜》録有《夢天台》佚文三曲,題無名氏撰。近人趙景深輯《元人雜劇鈎沉》將此三曲收入,並據鈔本《録鬼簿》又將全劇名及作者楊暹著録。

此次點校小令以明無名氏輯《樂府群珠》(明鈔本)爲底本,套數以明無名氏輯《盛世新聲》(正德十二年刻本)爲底本,小令共計5首,套數共計1套。

〔朱履曲·歎世〕

誰不待金章紫綬?誰不待拜將封侯?誰不待身榮要出鳳凰樓?

---

① 詳參孫楷第《吳昌齡與雜劇西遊記——現在所見的楊東來評本西遊記雜劇不是吳昌齡作的》,《輔仁學誌》1939年第1期。

誰不待執象簡？誰不待頂幞頭？誰不待插金花飲御酒？

〔普天樂·聽命〕

結鶉衣，修丹事，安排我處，正在何時？酒掃愁，詩言志，仰問天公三椿事，腆著臉也索尋思：爲甚麽夷齊饑死，顏回短命，伯道無兒？

〔朱履曲·松江道中〕

金燦爛高低僧刹，翠模糊遠近人家，數聲啼鳥喚韶華。麥風翻翠浪，桃木散紅霞，遊人馳駿馬。

〔中呂〕紅綉鞋·詠虼蚤

小則小偏能走跳，咬一口一似針挑，領兒上走到褲兒腰。眼睜睜拿不住，身材兒怎生撈？翻個筋斗不見了。

〔中呂〕普天樂·嘲湯舜民戲妓

寧可效陶潛，休要學雙漸。覷了你腰駝背曲，説甚麽撒正龎甜。你拳如斬馬刀，舌似吹毛劍，你將節風月須知權休念。三般兒惹得人嫌，間花頭髮，燒葱齇鼻，和粉髭髯。

〔商調〕二郎神·怨別

景蕭索，迤逦秋光漸老。隱隱殘霞如黛掃，暮天闊煙水迢迢。數簇黃花開爛熳，敗葉兒漸零零亂飄。無聊，綠依依翠柳，滿目荒蕪衰草。

〔梧葉兒〕凄凄凉凉懨漸病，悠悠蕩蕩魂魄消，失溜疎剌金風送竹頻摇。漸漸的黃花瘦，看看的紅葉老。題起來好心焦，恨則恨離多會少。

〔二郎神么篇〕記伊家幸短，柱着人煩煩惱惱。快快歸來入綉

楊景賢

幕,想薄情鎮日魂消。乍離別難棄捨,索惹的懨懨瘦却。

〔金菊香〕多應他意重我情薄,既不是可怎生雁帖魚緘音信杳。相別時話兒不甚好,恨鎖眉梢,越思量越思想越添焦。

〔浪來裏煞〕情懷默默越焦躁,冷冷清清更漏迢,盈盈業眼不暫交。畫燭熒熒,他也學人那泪珠兒般落。暢道有幾個鐵馬兒鐸。琅琅的空聒噪,響珊珊梆梆的寒砧搗。呀呀的塞雁南飛,更和着那促織兒絮叨叨更無了。

明代

鐵氏長女

鐵氏長女，蒙古色目人，其父爲鄧州大司馬忠義襄公鐵鉉，"爲山東布政，力禦靖難之師，成祖即位，殺之。發二女入教坊，義不受辱，後原問官至坊，二女各獻詩。上聞俱赦之，以適士人"。

生平事跡見明鍾惺輯《名媛詩歸》（哈佛大學圖書館藏明末刻本）清錢謙益《列朝詩集小傳》，清王端淑《名媛詩緯初編》（清康熙六年（1667）清音堂刻本）。

清王端淑《名媛詩緯初編》載："端淑曰：'長女詩淒婉激切，是足動人，調格俱雅。雖無警異之思，特流離造次之中而能出語，容與風雅尚在。收此忠臣之女，不爲詩家立門户乎？'《列朝詩集》曰：'長女詩乃吴人范昌期題《老妓》卷作也。'昌期，字鳴鳳，詩見張士瀹《國朝文纂》。同時杜瓊亦有和韻詩曰：'無題則非鐵氏明矣。'"

散存詩見於明鍾惺輯《名媛詩歸》卷二十五，清錢謙益《列朝詩集小傳》收錄《上父同官詩》。

此次點校詩以明鍾惺輯《名媛詩歸》卷二十五爲底本，以清錢謙益《列朝詩集小傳》爲校本，詩共計1首。

上父同官詩[1]

教坊脂粉洗鉛華[2]，一片閒心[3]對落花[4]。舊曲聽來猶有恨，故園歸去已[5]無家[6]。雲鬟半挽臨妝鏡，雨淚空流濕絳紗[7]。今日相逢白司馬，尊前重與訴琵琶[8]。

校記：

[1]《列朝詩集小傳》亦收錄此詩。

[2]脂粉：《列朝詩集小傳》作"落籍"。

[3]閒心：《列朝詩集小傳》作"春心"。

[4]對落花：鍾惺自注："'對落花',迺見問心豈鉛華能動？"

[5]已：《列朝詩集小傳》作"却"。

[6]鍾惺批："寫出此二語,使同官無色。"

[7]雲鬟半挽臨妝鏡,雨淚空流濕絳紗：《列朝詩集小傳》作"雲鬟半嚲臨青鏡,雨淚頻彈濕降紗"。

[8]今日相逢白司馬,尊前重與訴琵琶：《列朝詩集小傳》作"安得江州司馬在,尊前重爲賦琵琶"。

鐵氏次女

鐵氏次女,忠義襄公鐵鉉次女,事跡見前鐵氏長女。

清王端淑《名媛詩緯初編》載:"端淑曰:'前首不説出高此一部,身分鏘株厚薄,女兄弟不能無異。然夷雅安妥,幸無醜態。'《列朝詩集》曰:'次女詩末二句尤爲不倫。宗正睦㮮論革除間事,謂建文流落西南,諸詩皆好事者僞作,則次女之詩可知革除間事,野史所載大半僞謬,此亦一端也。'"

散存詩見於鍾惺輯《名媛詩歸》(明刻本)卷二十五。

此次點校以鍾惺輯《名媛詩歸》(明刻本)卷二十五爲底本,詩共計1首。

教坊中呈原問官

骨肉傷殘產業荒,一身何忍去歸娼[1]。淚垂玉箸辭官舍,步蹙金蓮入教坊。攬鏡自憐傾國色[2],向人休學倚門粧[3]。春來雨露寬如海,嫁得劉郎勝阮郎。

校記:

[1] 鍾惺批:"如此語尚忍言哉!"

[2] 鍾惺批:"自憐幾許怨恨。"

[3] 鍾惺批:"'休學'二字説得堅。"

哈　　銘

　　哈銘，漢名楊銘，幼從父爲明朝通事。正統中，隨吳良出使瓦剌，被羈留。正統十四年（1449），明英宗征瓦剌兵敗被俘，遂爲英宗和蒙古也先汗作蒙漢語通事，侍從英宗左右。因袒護英宗，爲也先所忌，屢欲殺之。景泰元年（1450），從英宗返京師，賜漢姓楊，授錦衣衛指揮使，數奉使至蒙古爲通事。成化十七年（1487），孝宗即位，大減傳奉官員，時哈銘以塞外侍衛英宗有功獨留如故。

　　生平事蹟見明查繼佐《罪惟録》、清張廷玉《明史》卷一百六十七《哈銘傳》、清谷應泰《明史紀事本末》。

　　著有《正統臨戎録》一卷。《四庫全書總目》稱："《正統臨戎録》一卷，不著撰人名氏，記明英宗北狩始末。考《明史・藝文志》，有楊銘《正統臨戎録》一卷。此書末專敘銘官職升遷之事，當即銘所述也。銘，本名哈銘，蒙古人。"顧廷龍主編《續修四庫全書》（第四百三十三册，史部・雜史類）收録此書；陽海清編撰《中國叢書廣録》（上册）國朝典故目録中載《正統臨戎録》一卷，明萬曆四十五年刻本，現藏於國家圖書館。

魯　　鑑

魯鑑(1425—1502)，字克明，永登連城人，爲三世土司魯賢之子。祖父三代駐守莊浪衛，有《條陳邊務四事》著稱於時。其先人原爲西大通人，祖父阿失都鞏卜失加，於明初率部落歸明，明太祖授以百夫長，命率所部居莊浪(今甘肅平番縣)。至其父魯失加，累官至莊浪衛指揮同知。明英宗正統末年，魯鑑繼父任，後又提爲署都指揮僉事。明憲宗成化四年(1468)，進署部都同知，尋又充左參將，分守莊浪。十七年充左副總兵，協守甘肅。不久，又充總兵官，鎮守還綏。明孝宗弘治元年(1488)，魯鑑因病辭官。鑑爲人忠良，智勇雙全。《明史》本傳稱他"遇敵輒冒矢石，數被傷不爲沮，故能積功至大將。"弘治年間，孝宗"以土軍非鑑不能治"，復起用治之，且命有司建坊旌其功績。弘治十五年，因舊病復發而卒。贈右都督，賜恤如制。

生平事蹟見清張廷玉《明史》卷一百四十七《魯鑑傳》；清鍾賡起著《甘州府志》。

清張廷玉《明史·魯鑑傳》載其平日留心邊務，曾上《條陳邊務四事》。澹娛子贈魯鑑詩曰："報國雄驅十萬兵，三邊草木盡知名。柳營倚劍秋霜肅，玉帳吹箚夜月明。金鼓振時山嶽動，旌旗到處鬼神驚。碧天若洗塵氛静，萬里波澄振海清。"

毛　銳

　　毛銳（？—1523），西陲人。襲伯爵，爲伏羌伯毛忠（初名哈喇）之孫。"成化中協守南京。弘治初出鎮湖廣，改兩廣。平蠻賊累有功，咸璽書獎勵"。弘治十五年（1502）統兵平符南蛇，號令嚴明，所至大捷，師旋之日，一方晏然。

　　生平事蹟見清張廷玉《明史》卷一百五十六《列傳》第四十四。

　　清鍾賡起修《甘州府志》（乾隆四十四年刻本）卷十三《藝文·上》收錄毛銳《襲伏羌伯鐵券制書贊》文一篇。

　　此次點校文《襲伏羌伯鐵券制書贊》以清鍾賡起修《甘州府志》（乾隆四十四年刻本）爲底本，文共計1篇。

襲伏羌伯鐵券制書贊

　　臣伏惟皇上以臣祖考伏羌侯臣忠身死國事，賜以鐵券，使世其爵。伏觀制文，援引前人褒獎備至，以霍去病許之，以馬援許之，以班超許之。思之以猛士，品之以忠臣，異渥殊典，實爲奇遇。臣惟祖考雖平生篤於忠義，然非皇上至公至明，不遺管蒯，曷以臻此？則夫臣與臣之子孫紹封嗣禄者，求盡忠孝之節，感激圖報，宜何如哉？謹於制文各語之後，贅以贊詞而寶藏之，使後世子孫咸知佩聖謨、繼祖志而不怠焉。

　　制曰："久擐甲胄而樹績。"贊曰：孔貴致身，孟重修職，矧惟將臣，敢不殫力。維臣祖考，結髮臨戎，南閩西陲，甲胄在躬。服勞至死，聖制褒獎，仰贊殊恩，傳燿穹壤。

毛 銳

制曰："薦分弓鉞以專征。"贊曰：將臣推轂，專制閫外，夙仗天威，無遠弗届。維臣祖考，弓鉞專征，修蛇封豕，誓以削平。蹇蹇匪躬，聖制是與，仰贊鴻猷，流播天宇。

制曰："壯號嫖姚。"贊曰：惟漢名將，曰霍嫖姚，隴右祁連，功冠一朝。惟臣祖考，天錫勇略，東西千戰，威聲磊落，忠義一心，與霍並行。臣拜稽首，天子聖明。

制曰："老稱夔鑠。"贊曰：惟漢老將，曰夔鑠翁，米山銅柱，冠世驍雄。惟臣祖考，七十有五，砲山七峰，不避險阻，報國捐軀，與援協圖，臣拜稽首，天子唐虞。

制曰："虎頭食肉，受封萬里之西。"贊曰：漢將之良，有班仲升，虎頭燕頷，六合揚名。惟臣祖考，嘗鎮西域，上下千載，異世同績，定遠伏羌，同一侯封，臣拜稽首，永揚聖功。

制曰："馬革裹軀，爲榮九泉之下。"贊曰：嗟惟伏波，嘗謂男兒，當死異域，馬革裹屍。惟臣祖考，實踐斯言，死非其義，玉匣奚取？砲山高高，命若鴻毛，臣拜稽首，永膺寵褒。

制曰："英魂助梟於叛賊。"贊曰：存爲時雄，歿爲厲鬼，除兇報國，曷間生死。惟臣祖考，殞於孤忠，魂飛九天，靈著七峰。滿四未誅，寧與同滅，天語不遺，褒示忠烈。

制曰："義氣可激於懦徒。"贊曰：屹彼砥柱，頹流是障，緬惟忠義，天下之望。惟臣祖考，秉義捐軀，凜凜英風，宜立懦夫。七峰嵬嵬，風雨雷電，天語不忘，列示世觀。

制曰："歌大風飛雲之章，朕安得於猛士。"贊曰：漢高歌風，猛士是思，惟彼三傑，矯矯一時。韓蕭不終，張也早去，臣祖何幸，終始遭遇，見危授命，猛士之心，臣拜稽首，天鑒實臨。

制曰："挺秋霜烈日之節，爾可列於忠臣。"贊曰：人臣之分，節義惟剛，皦皦烈日，凜凜秋霜。尚惟臣祖，忠肝義膽，砲山捐生，聞者痛慘，表功旌德，標以忠臣。臣拜稽首，天子聖神。

蘇　　祐

　　蘇祐(1493—1573)，字允吉，一字舜澤，蘇恩之子，蘇克明玄孫。濮州(今河南範縣)人。明正德八年(1513)癸酉科舉人，嘉靖五年(1526)丙戌科進士第三甲第四十五名。除吴縣知縣，曾以僉都御史撫保定，出爲江西副使，以副都御史撫山西，入爲刑部右侍郎，曆官至兵部尚書。坐不請兵餉失事削籍，尋復職，終於官。

　　據當時北元與明廷對峙的局勢，詩人唯恐蒙古族後裔難於在官場顯達，遂重修了一部家譜，稱遠祖爲高陽氏，自己是漢人。然當地蘇氏家族並未認同，官修《曹州府志》也予以否定。《元史》記載了蘇祐的家族，見《元史·寬徹普化傳》。山東濮州有蘇氏家族，乾隆二十一年(1756)纂修的《曹州府志》卷二十二《雜志》云："濮州蘇氏，其先本元蒙古之後。至兵部侍郎祐始以進士起家，官總制，以詩文名海內。其祠堂藏有始祖某所用鐵槊，重百斤，今尚存。"蘇氏始祖，即《元史·寬徹普化傳》中所謂"不知所之"的義王和尚。其遠祖於大都將破之際，逃往山東，改姓爲蘇，名克明，以"蘇克明"之名落籍濮州。詩人博覽群籍，遊心千古，於文學創作尤見功力，文譽播於海內，被明代諸儒目爲名家。

　　生平事蹟見明宋濂《元史·寬徹普化傳》，明陳子龍輯《皇明詩選》，明吴中行《賜餘堂集》卷十二，明雷禮《國朝列卿記》卷九十四，明于慎行《穀城山館文集》卷二十八《資政大夫兵部尚書兼都察院右都御使穀原蘇公祐行狀》，清周尚質修《曹州府志》(乾隆二十一年刻本)卷二十二

蘇　祐

《雜志》,清蔣廷錫等纂(嘉慶)《大清一統志》卷一百十一《曹州府》,清朱彝尊輯《明詩綜》卷四十五,清錢謙益《列朝詩集》,清陳田《明詩紀事·戊籤》卷十六,清張豫章奉敕編《御選宋金元明四朝詩》,清李周望輯《國朝歷科題名碑錄初集·明嘉靖五年進士題名碑錄丙戌科》。

《千頃堂書目》錄有蘇祐著作《雲中事紀》一卷、《三關紀要》三卷、《法家哀集》一卷、《舜澤翁歲曆》一卷、《迿旖瑣言》二卷、《孫子吳子集解》(誤署"蘇佑"名)、《穀原詩集》八卷、《穀原文集》十卷、《三巡集》一卷、《穀原奏議》十二卷,共十種。清乾隆二十一年纂修的《曹州府志·藝文志》著錄蘇祐詩文、雜著共七種,其中文學創作有《三巡集》八卷、《穀原詩集》八卷、《穀原文草》十卷三種。事實上,蘇祐的創作遠不止於此,且《曹州府志》著錄的卷數亦有與現存版本不符之處。明崔銑撰《垣詞·蘇氏詩序》(《四庫全書·集部·別集類》第 1267 册,上海:上海古籍出版社,1987 年,第 631 頁)云:"往者,吾居洹野,澄陽蘇子允吉寄我《昆吾集》,今年予入翰林,蘇子示我《三巡詩》,凡若干首,踰萬言矣。"根據崔氏所言,蘇裕當還著有《昆吾集》,惜已不存。檢讀當時書目,唯見《三巡集》,爲一卷,乾隆《曹州府志》著錄爲八卷,誤。

詩人爲官三十年餘,各階段都有詩文合訂本刊刻行世。集有《三巡集》《江西集》《畿內集》《山西集》《塞下集》等。蘇祐平生稿由其心腹幕僚龔秉德收藏。萬曆年間,龔秉德爲襄陽副使時,將蘇祐平生詩文稿件分門別類,刊板印刷,定名爲《穀原詩文集》,計文章近百篇,詩五百餘首,現存一部,是爲孤本。明陳子龍《皇明詩選》、清朱彝尊輯《明詩綜》、清錢謙益《列朝詩集小傳》、清陳田《明詩紀事》等都曾選錄其詩,兼事品評。清康熙年間,張豫章奉敕編《御選宋金元明四朝詩》,收其詩達二十九首之多。

《穀原詩集》八卷,明嘉靖三十七年龔秉德刻本(李盛鐸跋),今藏國家圖書館、北京師範大學圖書館。因爲卷三和卷四又各分上、下,所以《四庫全書總目》所載"山東巡輔採進本"又説《穀原集》十卷。全集收詩910首,以詩歌體裁分卷:卷一爲樂府;卷二爲四言和五言古詩;卷三爲五言律詩;卷四爲七言律詩;卷五爲五言排律;卷六爲歌行體;卷七爲五言絶句;卷八爲七言絶句。明龔秉德在《〈穀原詩集〉序》中説:"公初按諸省,有《三巡集》,司校豫章,有《江西集》,參晉有《山西集》,撫巡有《畿内集》,總督有《塞下集》。雖各有刻本,類皆涣散不一,難以匯觀。予非知詩者也,緣素出公門下兼屬姻,未故合而壽梓於襄陽。公署分爲八卷,外曰《穀原詩集》,俾觀者因文而可以考見公之德業云。"據此可知,此詩集當爲蘇祐詩歌的合集。

《穀原詩草續集》,一函一册,無序、跋,隆慶刻本,藏於國家圖書館,收詩217首,此集於乾隆《曹州府志》及其他藝文目録中不見著録。

《蘇督撫集》一卷,由無錫俞憲據蘇祐舍弟所貽詩人的全集删輯而成,收詩214首,於隆慶四年(1570)刻入《盛明百家詩》。

《穀原文草》有明嘉靖、隆慶間刻本,藏於國家圖書館分館。按文體分爲四卷,分别爲序、記、墓誌銘表和雜著,共計92篇。

《三巡集》一卷,原書題爲《三巡集稿》,明嘉靖刻本,現藏國家圖書館。此詩集所收詩以任職地點次序排列,作於宣大78首,江北98首,山西109首,共計285首。卷首有自序一篇,此序現收入《穀原文草》,爲《三巡集稿自序》。序文開頭大致交代了創作的時間和緣由:"余初按宣大,繼淮揚,繼三晉,有所作輒漫録之,爲《三巡集》云。"

崔銑《蘇氏詩序》稱:"夫其識典禮,懷羈旅,標宇治,惇友情,正官常,達民隱,若是者,詩之實也,蘇子可言詩矣。詩者,文之精。本情發志,貴正而和;假物申旨,貴切而遠;託風寓諫,貴婉而明;陳器敘事,貴要而統。若是者,詩之則也,蘇子咸中焉。"于無垢認爲,其詩"遒麗典雅,卓然名家"。舒章又云:"舜澤如姚度漠,深入敢戰,惟七言古少而不稱。其餘至處雖四大家不避也。"謝榛《四溟詩話》稱"陳一庵太守因徽藩誣奏,謫戍瓊州,寓邱文莊别墅,日耽詩酒,每聞縉紳間盛稱蘇舜澤總制《雪》詩'初隨鳴雨喧相續,轉入飄風静不聞'寫景

蘇　祐

入微,非老手不能也。"錢謙益《列朝詩集》稱其"詩粗豪伉浪,奔放自喜,今人不復詳其風格,徒以其聲調叫號近於雄渾,遂謂關塞之篇,不愧橫槊,何相者之舉肥也？魯王孫觀熰評曰:'格不高而氣逸,調不古而情真。'又謂其二子青出於藍,蓋齊、魯閒之論如此。"陳田《明詩紀事·戊籤》引《海嶽靈秀集》謂"允吉詩格不高而氣逸,調不古而情真。"陳田加按語稱"舜澤詩是李、何成派。《昭聖太后挽章》忠愛悱惻,不愧詩史,可與朱必東《諫慈壽誕辰疏》并傳。"李攀龍《明詩選》錄陳卧子曰"司馬詩沈雄雅練,邊塞之篇不愧橫槊。七律格律精嚴,聲調清亮,呭呭逸群而上。"李騰鵬《皇明詩統》稱"所著有《三巡稿》,有《江西集》,有《山西集》,有《畿内集》,有《塞下集》,皆隨宦轍所得而名,龔秉德總編而爲《穀原稿》,前有崔後渠等諸人爲之序,後渠稱其詩'開心見膽,落目快人,景與意會,事以健勝'。若有超悟獨得而自達夫法者,傳鎮稱其玄解,各有司匠,如天孫五色之錦,雲門八奏之音,非虚譽也,而況又鴻石君玄石君,聯芳繼美,詩道各臻其妙。嗚呼！濮陽人物可謂盛矣,王鳳洲曰:'司馬清穩不如許伯。'誠壯健亦可謂魯衛之政也。"

明陳子龍《皇明詩選》錄其詩 10 首,其中卷三錄其五言古詩 2 首:《塞城中秋對月簡張南墅》《秋懷》;卷八錄五言律詩 8 首:《河東道中》《渡鄱湖》《昭聖皇太后輓章二首》《曉行》《巡關雜詠》《中秋簡謝陳曾二部使》《贈送黃翠巖出塞》;卷十三錄其七言絕句 1 首:《塞下曲》。明李騰鵬《皇明詩統》(萬曆刻本)卷二十五錄其詩 25 首:《十日登第一山得笑字》《行路難柬陳子器二首》《彭城漫興》《贈薛西原》《秋日山亭》《過烏江項王廟亭》《人日水竹亭獨酌》《遊醉翁豐樂山同崔東洲》《廬江東行夜宿石塘館舍》《上谷贈吴之山》《襄陵分司留題》《登大同城樓》《九日感興》《河間迎春日雪》《古意》《村居九日寄嚴兵憲》《江中雜興二首》《塞上雜曲四首》。明陳田輯撰《明詩紀事·戊籤》卷十六錄其詩 8 首:《詠郭林宗》《寄陳文晦侍御》《戊寅元日》《河東道中》《昭聖皇太后輓章二首》《真宗汾陰行宫有御製碑四金人》《李牧祠下眺望作》。清宋弼《山左明詩鈔》卷十一録其詩 62 首:《行路難柬陳子器》《從軍行二首》《度太行》《望雲亭》《雜詩四首》《七夕分賦得樂字》《舟上柬倪鎮卿》《九日》《戊寅元日》《伍大夫廟》《虎丘》《聞警》《七夕二首》《松子嶺》《自聞喜至夏縣》《河東道上》《龍門》《五臺雜興》《塞下曲二首》《故關晚眺》《寶劍行》《省中春日》《出塞二首》《大同城登乾樓》《過烏江謁項王廟》《春陰》《襄陵臺中即事》《岢嵐》《庚子元日弋陽王府讌》《寄贈李長白巡撫寧夏》《有懷同年蘆南鄒辟君》《近田贈許中翰》《登鴈門關》《李牧祠下眺望作》《自鴈門寄何沅溪》《贈党牧川》《西征遇雪》《予歸入倒馬關作》《扈駕發京邑》《送洪大行使益藩便道省覲》《譙北城樓得山字》《濠梁行》《發洪州留別寮寀諸公》《櫛髮行》《送尹子莘出守汝州》《丁丑歲(二首)》《江中雜興》《即事(四首)》《竹枝詞(二首)》。清朱彝尊《明詩綜》卷四十五録其詩 2 首:《聞警》《予歸入倒馬關作》。清錢謙益《列朝詩集》録其詩 5 首:《井陘道中》《袁州對雪何笋亭侍御》《予告歸入倒馬關作》《李牧祠下眺望作》《擬古宮詞》。清沈德潛《明詩別裁集》(乾隆四年刻本)卷七録其詩 3 首:《九日》《予告歸入倒馬關作》《塞下曲》。清張豫章《御選明詩》卷十、卷二十六、卷四十五、卷五十七、卷八十一、卷九十三、卷一百八、一百二十録其詩 20 首:《擬四時詞録二首》《子夜歌》《竹枝詞》《春暮出郭寺內餞別裴侍御》《雨懷簡翠巖》《贈謝山人茂秦》《秋夜宿上方山治平寺》《立秋》《登滕王閣》《過甘莊下視鴈代諸山有作》《春陰》《署中即事呈寮長諸公》《元夕對雪》《入倒馬關》《送潘僉憲考績北上》《砌草》《擬古宮詞(四首)》《集唐句送表姪吳生鸝自塞下還郡》》。(乾隆四十九年)《鳳臺縣志》卷十七録其詩 1 首:《松子嶺》。(乾隆二十一年)《曹州府志》卷十九録其詩 4 首:《擬燕歌行》《哀長平》《賦得陶邱寄贈許生溫如》《贈謝山人茂泰》。明張時徹《皇明文範》卷十四録其賬詞 1 首:《入覲旌賢帳詞》;卷二十一録其文 2 篇:《三關紀要序》《擬古樂府序》。明謝榛《四溟山人全集》卷首録其文 1 篇:《謝四溟詩序》;附

蘇 祐

録五録其詩 1 首：《寄謝茂秦》；卷十六還有謝榛寫給蘇祐的《送少司馬蘇公總制宣大》詩一首：「向曉發長安，飛旌入渺漫。漠南驅虎豹，天上別鵷鸞。一薦膚推轂，殊勳報築壇。金鉦殷地響，寶劍照人寒。自古邊庭計，非今將相難。龍韜開武庫，麟閣待儒冠。青海連兵苦，黃金結士歡。論功多汗馬，從事有材官。漢檄雲中度，班銘石上看。雄圖驃騎在，一戰取樓蘭。」明鄭賢《古今人物論》（明刻本）卷三十五存文 1 篇：《江萬里、江萬頃（傳）》。清廖文英、熊維典《南康府志》（康熙十二年刻本）卷十《藝文志》存文 1 篇：《都昌雙忠祠記》。清江宗珍《江氏大成宗譜》卷一、康熙二十三年修雍正十一年刻本《雙宗祠録》存文 1 篇：《雙忠祠碑記》，清狄學根、黃昌藩《都昌縣志》（同治十一年刻本）卷十二《文録》存文 1 篇：《雙忠祠碑記》。

此次點校詩以清宋弼《山左明詩鈔》爲底本，以明陳子龍《皇明詩選》、明李騰鵬輯《皇明詩統》（萬曆刻本）、明陳田《明詩紀事》、明謝榛《謝榛全集箋校》、清張豫章《御選宋金元明四朝詩》、清朱彝尊《明詩綜》、清錢謙益《列朝詩集》、清沈德潛《明詩別裁集》、乾隆《鳳臺縣志》、清乾隆二十一年《曹州府志》爲校本，詩共計 123 首；詞《青玉案》以明張時徹編《皇明文範》（明萬曆刻本）爲底本，詞共計 1 首；文《擬古樂府序》《三關紀要序》以明張時徹編《皇明文範》（明萬曆刻本）卷二十一爲底本，《謝四溟詩序》以明謝榛《四溟山人全集》爲底本，《雙忠祠碑記》以清江宗珍《江氏大成宗譜》卷一《雙宗祠録》（康熙二十三年修，雍正十一年刻本）爲底本，以清廖文英、熊維典《南康府志》（康熙十二年刻本）卷十、清狄學根、黃昌藩《都昌縣志》（同治十一年刻本）卷十二《文録》爲校本，文共計 4 篇。

度 太 行

其 一

驅車遵華旌，西度太行山。層巘既窈窕，修坂亦迴延。遥峰下鳴枅,重門抱雄關。土屋開道側,石泉瀑巉巖。履深臼井墮,陟危岸崿懸。細徑聊可躡,方軌安能前。

其　二

朝登井陘道,暮入土門口。澗道紛糾纏,松杉間枌柳。黃華冒層岊,紫蕚緣廣阜。幽禽鳴樛木,嘉穀被隴畝。遠行苦登頓,周覽慰株守。嗟彼揚子雲,白首對甕牖。

望　雲　亭

太行多白雲,飄飄隨風轉。獨有寸草心,春風暮不卷。遊子日千里,迢遞何時返。翹首望白雲,俯首淚雙泫。

雜詩四首
其　一

大江流日夜,浩浩會朝宗。君子戒徒涉,雙檝剡游龍。擊檝理櫂歌,慷慨有深衷。長風東南轉,萬里乘烟空。懷哉濟川徒,守時非固窮。

其　二

秋夜耿自長,寡寐愁竟夕。欲撫茲朱絃,擁琴坐華簀。賓鴻歲旅旋,調笑孤征客。明月鑒牀帷,華星耀東壁。感此復徘徊,攬衣更蕭索。

其　三

時俗忻巧笑,傾賞輕千金。一言偶朝合,日夕揚徽音。東階鼓瑤瑟,西序鳴朱琴。殷勤申明誓,嬿婉偕春衾。媚言啓皓齒,天地易高深。貞潔甘自守,華髮隨侵尋。

其　四

伯牙彈鳴琴,宛在山水間。峨峨動十指,洋洋入五絃。鍾期竟如何,昭曠契高元。知言已不易,知心良獨難。莊悲惠質損,牙傷期耳捐。雅談不復施,絕音竟誰傳。

蘇　祐

七夕分賦得樂字

六龍騁恒軌,歲序無淹泊。白露澹澄宇,明河夜迴薄。既帶徐生祠,亦亘江門閣。熒熒有集螢,疆疆寡翔鵲。機杼輕塵滿,絡緯淒響作。如聞白頭唫,似奏清商樂。雙星展嬿婉,七夕接歡謔。感此對樽酒,良宵共斟酌。匪結高陽歡,益篤汝南諾。楚璋珍特達,魏瓠慚濩落。哀唫遞蟋蟀,拙踪委龍蠖。合并良有時,眄睞曠寥廓。

塞城中秋對月簡張南墅[1]

華星極四羅,明河半清淺。朗月度關山,經天亦已遠。高堂無隱構,崇岡寡幽巘。照見長城窟,迢遥信陵緬。賞心亮莫同,孤懷竟誰展。尊酒留斟酌,佳人見何晚。

校記:

[1]《山左明詩鈔》未收録此詩。《皇明詩選》收録此詩,並附批註:"舒章曰:'似玄暉。'"

秋　懷[1]

暇日臨飛閣,流光逝駸駸。晒目何所懷,良友繁我心。停雲可攬結,尊酒阻招尋。曠矣河無梁,懷哉時載陰。杳杳西日馳,汩汩零霞侵。衆星既森列,跂彼辰與參。形影竟不接,何繇開我襟。

校記:

[1]《山左明詩鈔》未收録此詩。《皇明詩選》收録此詩,並附批註:"轅文曰:'司馬古詩蒼老有調。'"

十日登第一山得笑字[1]

浮驂薄行遊,逶迤步靈嶠。百草何淒淒,零雨被廣道。鴻鴈紛迴翔,雲日忽照耀。時節荏遷遞,誰能長歡笑。佳辰已昨日,携手此登眺。葳蕤臭寒芳,古人可同調。逍遥適情志,豈懼末路誚。歲月無終極,義命安所好。

校記:

[1]《山左明詩鈔》未收錄此詩。《皇明詩統》收錄此詩。

擬四時詞錄二首[1]
其　一
瓊樓十二闌,簾捲怯春寒。燕泥香墮地,知是杏花殘。
其　二
寒漏滴疎窗,凍雲滿虛閣。梅花自多情,對雪開如約。

校記:

[1]《山左明詩鈔》未收錄此詩。《御選宋金元明四朝詩》收錄此詩。

子　夜　歌[1]
相逢采蓮船,含笑各分首。憐君目送妾,直過橫塘口。

校記:

[1]《山左明詩鈔》未收錄此詩,《御選宋金元明四朝詩》收錄此詩。

春暮出郭寺内餞別裴侍御[1]
紛冗鮮嘉暢,俗務日相羈。韶光不可留,已縱青春歸。命駕忽出郭,野寺尋芳菲。花飛饒綠陰,鶯聲寂高枝。捫手三歎息,歲月馳如飛。清尊相對持,盡醉良莫違。明日隔山川,春風空爾思。

校記:

[1]《山左明詩鈔》未收錄此詩。《御選宋金元明四朝詩》收錄此詩。

蘇　祐

雨懷簡翠巖[1]

層陰散煩暑,零雨淩晨夕。案牘有餘清,苔階上深碧。細草披蒙茸,流雲蕩紛射。簷溜無輟淙,庭礎有幽石。靜言願無違,端居意頗適。言念同懷人,虛襟幾岸幘。和聲流素琴,幽賞展玄籍。彌旬缺歡娛,塵心正勞積。

校記:

[1]《山左明詩鈔》未收錄此詩。《御選宋金元明四朝詩》收錄此詩。

寄陳文晦侍御[1]

良晤阻歡讌,停雲方在茲。東風吹野草,綠遍瓊華池。嚶鳴黃鳥聲,流轉綠楊枝。感物各有懷,婉孌惜芳時。攬轡眺連岡,迢遞滯前期。相思邈以緜,庶用證此辭。

校記:

[1]《山左明詩鈔》未收錄此詩。《明詩紀事》收錄此詩。

從軍行二首

其一

苦竹繁枝節,羈愁厭日月。良人久從軍,妾心如饑渴。瀚海一丈冰,天山九月雪。炊爨況獨持,寒熱竟誰察。沉痛無晨宵,音書間燕越。

其二

黃河來西極,東流日湯湯。萬里遠戍人,歸心空茫茫。洗衣濁水岸,曝之沙磧岡。借問水東流,何時還故鄉。汨汨無情極,忉怛增憂傷。

渡鄱湖[1]

氣薄衡廬潤,波涵翼軫搖。三江同貢賦,九派異風潮。似接秦皇島,應連漢武橋。石華如可拾,乘月坐吹簫。

校記：

[1]《山左明詩鈔》未收錄此詩。《皇明詩選》收錄此詩，並附批註："舒章曰：'三四聯典切結有佳興。'"

贈謝山人茂秦[1]

帝京一夜倏風到，御溝兩岸生青草。黃鳥正牽求友情，間關隔樹流春聲。珠簾繡襦未寂寞，暖風猶怯羅衣薄。十二闌干清晝閒，垂楊正裊憑虛閣。三街六市車馬多，美人不來可若何。日夕焚香望君至，流水高山獨無意。爲君先絃膝上桐，相期共坐春風中。一絃一酌不知曙，別君上馬朝天去。

校記：

[1]《山左明詩鈔》未收錄此詩。《御選宋金元明四朝詩》《曹州府志》收錄此詩。

行路難柬陳子器

東陵故侯瓜五色，却從蕭何定籌策。當時高牙擁戟門，沛中小吏能爲役。武安賓館集如雲，半是魏其門下客。應侯取相只數言，翟公書門竟何益。丈夫骨相如有定，豈能忍辱受巾幗？君不見秋水木落洞庭波，春華流光暗拋擲。功名衰遲欲歸去，道路間關歎今昔。

擬燕歌行[1]

盈盈一水限河梁，牽牛織女遙相望。西風颯颯天雨霜，鴻雁嗷嗷向南翔。誰能對此不悲傷，終朝機杼猶七襄。一年一會河鼓郎，七月七日珮鳴璫。烏鵲爲橋開洞房，懽娛未畢口扶桑。不覺淚下沾衣裳，斯時恍惚誰能詳。世人好誣竟荒唐，欲排閶闔訴帝旁。竊恐不察轉徬徨，天門九重空淚行。

蘇　　祐

校記：

[1]《山左明詩鈔》未收録此詩。《曹州府志》收録此詩。

哀　長　平[1]

長平一夕悲風起，四十萬人同日死。燐火蕭蕭陰雨青，膏血茫茫土花紫。衰草黄沙寒日曛，山空野曠度愁雲。西望咸陽社郵道，不須重弔武安君。

校記：

[1]《山左明詩鈔》未收録此詩。《曹州府志》收録此詩。

濠　梁　行

山川萬古開淮甸，勝蹟靈踪今始見。遺宫雙闕峙嵯峨，佳氣五雲鬱葱蒨。岐鎬舊邦肇有周，沛豐故里興炎漢。禹跡茫茫分九州，雍徐兖冀多王侯。風環氣結有運會，開基垂統獨殷周。建斿秉鉞真龍出，義殺仁生刑政一。始信神靈不偶生，萬國仰之皎如日。土壤中原幾千載，九曲西來代遷改。黄河噴浪下金天，長江迸勢歸滄海。元人失御奔其鹿，我皇陟降河之曲。英雄百里齊奮揚，熊羆萬旅隨馳逐。沛上蕭曹即股肱，南陽耿鄧同心腹。二十八宿咸麗天，三十六輻同一轂。叱咤風雲紫極高，汛除宇宙皇風穆。文謨武烈紀旂常，貢琛獻幣開明堂。山川初擬會中土，富貴非徒歸故鄉。堯階三尺示樸素，禹王萬國來趨蹌。此土遂爲湯沐邑，追王比隆周季歷。馳道旌旗日月分，元宫屋宇螭龍立。王侯將相拜封多，殷夏黄虞不啻過。湛露常賡周雅什，大風不唱漢臺歌。王公設險守其國，大江天塹分南北。舊京百二玉關東，昌期五百金陵側。鍾阜石城邈大江，奉春脱輅説君王。埋金鑿笑秦淮陋，定鼎卜從郟鄏長。鼎成龍去經幾禩，依山尚有龍興寺。疏檜常環古佛龕，老僧頗悉當年事。高亭拜覽御書碑，寶函載覿

181

開山記。寺外塗山儼對荊，城邊渦水遙通泗。十王四妃可長哀，諸侯列將空相思。八衛仍屯紫禁城，千官今扈玉霄京。詞人擬撰三都賦，甲士常團十二營。松覆寢宮當晝閴，草侵輦路入春生。風雲尚接郊壇色，鼓角猶傳象魏聲。赤縣神州更創建，虎踞龍蟠舊稱羨。聖神四海本爲家，華夷萬里皆南面。黃金倚斗貯高臺，青玉當天陳寶案。北極重關日月圖，南京深鎖雲霄殿。

櫛髮行

梧桐葉落洞庭波，湛湛玉露橫秋河。西風吹髮髮苦短，塞上征人白更多。城頭闃闃五鼓發，推枕燈前夜梳髮。蕭蕭似與脫木爭，却擎朱纓望殘月。人老髮白魚尾赤，好逐東風舊相識。蓴鱸正美江水清，莫謾低回問消息。

送尹子莘出守汝州

南陽太守白玉面，五馬翩翩出畿甸。宗資畫諾誰適主，諸葛廬井行且見。弱冠上書見天子，清曹致身並時彥。賈誼自抱匡世略，伯夷豈專典禮善。詎意一麾乃出守，遂使十年徒入薦。簿書奔走郡載歷，邱園偃仰歲屢晏。顧念風塵尚澒洞，忍使醫藥無瞑眩。幡然謁帝通舊籍，揭來對暑開清讌。絃桐忽入山水奏，談劍坐聞龍鳥變。正苦暑雨滯道路，奈君行色杳書劍。嵩嶽凌空天並遠，河水漲濤日興換。英傑識見略可數，世情瑣細豈足辯。即今時事何所亟，南征車馬且須慢。莫緣書生輕五餌，曾聞天山定三箭。投分脫手奚以贈，臨岐語心良有算。須君乘時奮籌策，願言努力加餐飯。

行路難柬陳子器二首[1]

一

車莫行，九折坂。舟莫渡，三峽川。川迴路阻已自遠，履穿衣敝

蘇　祐

應誰憐。王孫春草歎行役,幽夢春閨雙淚懸。川亦有梁山有徑,萬里之道空如弦。請君迴旋自審視,曾聞復道可通天。

二

有珠忌暗投,有玉忌輕獻。鄒陽剖心期自明,卞和刖足將誰怨。眼前門外幾宛轉,遺矢將軍却善飯。樊灌不逢隆準公,販繒屠狗長貧賤。

校記:

[1]《山左明詩鈔》未收錄此詩。《皇明詩統》收錄此詩。

賦得陶邱寄贈許生溫如[1]

步出衛城門,跂望陶邱臺。下有車馬之古道,上有鐘磬凌晨開。憶昔諸侯會盟日,霓旌絳節何雄哉！陵谷依然幾風雨,秋日登臨杳誰語。極目平原覽四荒,膴膴良田盡禾黍。佳氣猶存間井間,雅歌自有雲霄侶。衣冠大姓數十家,巨擘今稱宋與許。許氏原從太岳傳,名賢遺印幾千年。錫圭早授虞京爵,假璧曾歸岱下田。雍伯元修產玉緣,却將圭璧種山前。春來試上晴原望,映日氤氳生紫烟。

校記:

[1]《山左明詩鈔》未收錄此詩。《曹州府志》收錄此詩。

發洪州留別寮宷諸公

幾載經匡嶽,山川悵遼邈。今年渡鄱湖,襟抱轉煩紆。笑語中流斷,音塵邊地踈。瑤琴懸別調,羽檄騁良圖。江門亦有南飛鴈,一札十行應繼見。山川欲去尚有情,肝膈相看定如面。歌聲櫂入楚江雲,月落翛翛頻夢君。一尊獨引青霞滿,雙劍常憐紫電分。

昭圣皇太后挽章二首[1]

其　一

慈極空遺誥,仙鑾去不還[2]。千官臨內殿,萬姓哭深山。雉扇秋新掩,龍髯歲久攀。併將江上淚,霑洒泰陵間。

其 二

先帝留弓劍,千秋傷若何。竟違西內養,還葬北山阿。玉殿涵霜露,玄宮裊薜蘿[3]。兩朝侍臣在,哭向白雲多。

校記:

[1]《山左明詩鈔》未收錄此詩。《明詩紀事》《皇明詩選》收錄此詩,後者並附批註:"臥子曰:'二詩隱而不阿,直而有體。'轅文曰:'孝宗張皇后在世廟,時稱昭聖皇太后,及其崩也,詩人之言如此。'"

[2] 疊:《明詩紀事》作"興"。

[3] 裊:《明詩紀事》作"隱"。

舟上柬倪鎮卿

短劍秋江上,孤舟野日西。泮雲連樹浸,遠水接天低。人語喧歸渡,漁梁斷浦蹊。蕭蕭一白鷺,不共衆鳥啼。

九 日

落木驚風候,淹留感歲華。陰雲連紫塞,清淚對黃花。八駿周京馬,孤蓬漢使槎。高臺予懶上,不爲苦思家。

伍大夫廟

遺廟臨盤水,高臺儼故丘。奔吳江上夜,覆楚郢城秋。霸業消俱盡,江聲咽不流。至今英爽在,白馬海潮頭。

虎 丘

海湧依城近,山藏讓寺雄。龍文沈劍氣,虎跡起松風。明月諸天近,精靈五夜通。千人環坐處,説法憶生公。

蘇　祐

聞　警

榆塞傳刁斗，經年未罷兵。竟令青海箭，復度白登城。拊髀勞明主，征車出禁營[1]。軍中有頗牧，萬一早留情。

校記：

[1] 本句《明詩綜》作"四野多空壘，三軍孰請纓"。

七夕二首

其　一

七夕坐澄宇，清風生竹林。靈跡不可見，明月迥西沉。感歎情何極，徘徊夜易深。迢迢一水上，又是隔年心。

其　二

荷風香冉冉，花露湛微微。期是雙星會，行應幾日歸。相逢還問夢，未別已沾衣。是夕明河下，偏驚烏鵲飛。

松子嶺[1]

松嶺度寒曛，真穿虎豹群[2]。太行窮地紀，上黨拂天文[3]。千里中原隘，三河下界分[4]。雙旌颭飛鳥，縹緲入層雲。

校記：

[1]《鳳臺縣志》卷十七收錄此詩。

[2] 松嶺度寒曛，真穿虎豹群：《鳳臺縣志》作"松嶺度寒曛，高穿虎豹群"。

[3] 太行窮地紀，上黨拂天文：《鳳臺縣志》作"太行應絕頂，上黨信遺文"。

[4] 千里中原隘，三河下界分：《鳳臺縣志》作"已覺中原隘，還疑下界分"。

自聞喜至夏縣

三晉驅車遍，迢遥汾水東。朝經虞舜井，暮過禹王宮。柳色當春變，山形與舊同。願言歌蟋蟀，千載見唐風。

河東道上[1]

蒲坂水仍抱,首陽山故連。重華不可見,孤竹轉堪憐。暖色薰楊柳,春聲喚杜鵑。河流日滾滾,萬丈禹門前[2]。

校記:

[1]《皇明詩選》收錄此詩,題作《河東道中》,並附批註:"卧子曰:'第六句巧而渾。'轅文曰:'結老。'"

[2]萬:《明詩紀事》作"百"。

龍門

太乙盤元氣,洪流遏鯀功。天吳常九首,星野一孤蓬。山斷懸河下,源分積石東。至今歌禹德,明祀萬方同。

五臺雜興

竹林凭險絶,山木澹清華。抱膝無穿草,飜經有墜花。春雲流石洞,夜雨濕金沙。塵想翛然盡,歸依大士家。

塞下曲二首

烽火照雲中,分兵下大同。材官六郡長,劍客五原雄。笛弄關山月,旗飜瀚海風。向來弧矢志,不負遠臨戎。

八月已飛霜,雲寒古戰場。秦城高闕塞,漢受左賢王。獵火分營壘,鐃歌入帝鄉。笛中楊柳曲,哀怨減伊涼。

故關晚眺

故關望不極,懸戍入雲躋。六月邊聲迥,層城暑氣淒。屏燕新鎖鑰,通晉舊輪蹄。珍重增兵意,承平午鼓鼙。

曉行[1]

戒曉雙旌發,雞聲動塞城。貝裝方結束,劍氣早縱橫。霜雜輕塵满,烟浮遠樹平。寄言游俠者,不是少年行。

校記:

[1]《山左明詩鈔》未收錄此詩。《皇明詩選》收錄此詩,並附批註:"舒章曰:'舜澤五言律健處極似達夫。'"

巡關雜詠[1]

靈曜西飛急,昔賢安在哉。水環燕社去,山對趙宮開。白玉增新市,黄金圮舊臺。悲歌問遺俗,頗牧倘歸來。

校記:

[1]《山左明詩鈔》未收錄此詩,《皇明詩選》收錄此詩,並附批註:"轅文曰:'合作。'"

中秋簡謝陳曾二部使[1]

把酒高臺上,青天片月流。予行還幾日,相對復中秋。風笛催羌管,霜砧滿塞州。征人方苦戰,莫照黑山頭。

校記:

[1]《山左明詩鈔》未收錄此詩。《皇明詩選》收錄此詩,並附批註:"卧子曰:'老境。'"

贈送黄翠巖出塞[1]

春草寒猶短,霜旌遠勞軍。行瞻秦塹雪,佇戀晉祠雲。能事須兼武,雄圖雅屬文。鐃歌新入調,候騎日相聞。

校記:

[1]《山左明詩鈔》未收錄此詩。《皇明詩選》收錄此詩,並附批註:"舒章曰:'雅暢。'"

寶劍行

寶劍礪干將,韜衣玉貝裝。白虹宵貫斗,紫電曉含霜。五色呈秦客,三金獻越王。鹿盧須自把,庶以備非常。

省中春日

帷幄陪樞府,韜鈐忝佩刀。上春秦月令,東省夏官曹。麗日遲遲度,晴雲冉冉高。委蛇歌退食,虛薄豈知勞。

彭城漫興[1]

風塵重攬轡,驛路暫維舟。遠道通南服,雄圖屬上遊。山形圍郡郭,河影下城樓。楚漢休回首,煙波正自愁。

校記:

[1]《山左明詩鈔》未收錄此詩。《皇明詩統》收錄此詩。

贈薛西原[1]

種藥圍沙砌,開梁傍石田。相如今謝病,楊子自談玄。邐徑行穿竹,臨池坐采蓮。何年稅塵鞅,共結靜中緣。

校記:

[1]《山左明詩鈔》未收錄此詩。《皇明詩統》收錄此詩。

秋日山亭[1]

臺敞凭軒望,亭盧轉邐通。蟲聲增蟋蟀,樹影散梧桐。嘯豈孫登病,悲應宋玉同。未辭嬰物累,仰愧古人風。

校記:

[1]《山左明詩鈔》未收錄此詩。《皇明詩統》收錄此詩。

蘇　　祐

秋夜宿上方山治平寺[1]

下榻成流憩，懸燈坐夜深。林疎風落木，村迥月傳砧。星入山窗小，雲生水殿陰。擁衾正愁絶，謾擬越鄉吟。

校記：

[1]《山左明詩鈔》未收録此詩。《御選宋金元明四朝詩》收録此詩。

井陘道中[1]

迢遞經恒野，崎嶇薄井陘。晚风吹雨过，山色入雲青。車路愁方軌，旗亭可建瓴。太行真地險，擬勒北山銘。

校記：

[1]《山左明詩鈔》未收録此詩。《列朝詩集》收録此詩。

戊寅元日

萬里王正月，千官漢侍臣。履端空鼓角，行在尚風塵。烽火新通代，鑾輿近向秦。已聞催羯鼓，冬半敕迎春。

送潘僉憲考績北上[1]

尊酒章門道，迢遥望帝京。日懸雙闕迥，霜落兩湖平。鴻績陳虞典，驪歌奏楚聲。音塵應入夢，雲樹已關情。紫氣蒼龍劍，清華碧玉珩。解攜助行色，離思滿江城。

校記：

[1]《山左明詩鈔》未收録此詩。《御選宋金元明四朝詩》收録此詩。

扈駕發京邑

春雨清燕甸，君王出漢宮。草承琱輦緑，花映袞衣紅。析羽蛟龍裊，連營虎豹雄。野屯分列將，清問下三公。帷幄邊烽入，關河御氣通。歌汾莫謾擬，卜洛庶應同。

送洪大行使益藩便道省覲

國典重周親，星槎渡漢津。玉書三殿出，縟禮九賓陳。魯衛元文穆，夔龍本舜臣。僛班鵷鷺遠，民俗訪咨頻。回首瞻雙闕，歸心向八閩。宮袍還晝錦，喜氣滿城闉。

讌北城樓得山字

散步高城晚，凭欄四顧間。十洲虛想像，層閣重躋攀。物候餘三楚，人文異百蠻。沙鷗臨暮集，江鴈帶秋還。葉落洪厓井，烟深孺子闤。天低圍野闊，雲斷入湖閒。尊俎延清興，風塵浣俗顏。涼飆動北闕，白露滿西山。自遠鵷鷺侶，誰當虎豹關。清商休盡奏，客淚灑衣斑。

出塞二首

風急天高動鼓鼙，黃雲白草照旌旗。單于秋牧榆林塞，烽火宵傳花馬池。聲斷悲笳胡鴈起，氣沉明月漢軍知。長驅烏合腥膻壘，安見鷹揚節制師。

沙磧偏吹八月風，將軍盡挽六鈞弓。漢家故重麟臺畫，秦塞元防瀚海戎。但使軍儲供口北，無須兵馬掣遼東。乘槎虛擬河源使，投筆誰收都護功。

大同城登乾樓[1]

高城登眺俯雲州，水抱紇干山下流。紫塞應餘秦鬼哭，朱旗常閃漢兵愁。悲歌王粲寧懷土，長嘯劉琨故倚樓。烟火萬家今代北，勳名諸將更何求。

蘇　祐

校記：

[1]《皇明詩統》題作"登大同城樓"。

過烏江謁項王廟[1]

岸分采石俯黿鼉，廟倚烏江裊薜蘿[2]。祇爲瑤圖歸赤帝，遂令寶劍送青娥。關前九戰收秦壁，夜半諸軍變楚歌。叱咤已隨雲鳥盡，興亡無使是非多[3]。

校記：

[1]《皇明詩統》題作"過烏江項王廟亭"。
[2]裊：《皇明詩統》作"悵"。
[3]無：《皇明詩統》作"莫"。

春　陰

臺館陰陰暄氣微，一天風雨送春歸。梁間紫燕猶私語，樹裏黃鶯却暫飛。池水自牽芳草夢，山人元有芰荷衣。東風好爲留情在，無使韶華願竟違。

岢　嵐

隔嶺旌旗接鼓鼙，岢嵐元在萬山西。紫峰雲起連天塹，黃水冰消斷月氏。城塞尚存秦故址，款夷曾閱漢雕題。年來點虜憑陵甚，痛哭蓬垣幾寡妻。

庚子元日弋陽王府讌

朱門細雨灑霓旌，廣殿華筵度鳳笙。拂曙篆烟輕覆座，凝寒春色澹浮城。元辰正喜趨陪地，藩國誰兼著作名。更有文談接尊酒，真看錦瑟倚雕楹。

寄贈李長白巡撫寧夏

幕府高開倚賀蘭,聲華籍甚近登壇。孤懸舊見黃河繞,曲抱重經碧澗盤。將相古稱周吉甫,山川南下漢長安。受降城畔青青草,盡日憑雲較獵看。

有懷同年蘆南鄒辟君

山木虛憐賦有枝,鴈書不至可無思。百年異姓如兄弟,千里分攜幾歲時。明鏡近增搔雪歎,青山猶負看雲期。蘆花谿水垂綸地,誰與高歌送酒卮。

近田贈許中翰

原田漠漠水雲平,侵曉時聞布穀聲。華冑自宗虞太岳,高齋最近漢東京。蒼龍初見饒春事,白鷺低飛有舊盟。千里趨庭兼戀闕,芳洲杜若幾回生。

登鴈門關

關城樓閣澹陰森,積雪層冰春已深。東望音書如隔歲,南侵戎馬欲沾襟。代王城上雲初散,李牧祠前风不禁。誰信玉門班定遠,重來華髮不勝簪。

李牧祠下眺望作[1]

泉源冰竇入春分,鳥語花香遲客聞。戍鼓寒沉秦塞月[2],夕烽晴結漢關雲[3]。年來近野多戎壘,時過回陽幾鴈群。險絕頗憐今昔地,無令唯說李將軍[4]。

校記:

[1]《明詩紀事》《列朝詩集》均收錄此詩。

蘇　　祐

［2］沉秦：《明詩紀事》作"沉龍"。

［3］夕烽晴結漢關雲：《明詩紀事》作"夕烽晴照雪山雲"。

［4］無令唯説：《明詩紀事》作"無令但説"，《列朝詩集》作"莫教空説"。

自鴈門寄何沅溪

憶放樓船江水頭，章門滕閣縮離愁。鳴琴尚想東湖夕，得句曾分九日秋。南鴈不來懷錦字，西風重入滿邊州。它時傾倒知何地，極塞相思獨倚樓。

贈党牧川

一自歸辭門下省，幾人先插侍中貂。閒雲高卧隨舒卷，雅興端居未寂寥。但有姓名騰薦剡，絶無翰簡入清朝。山公啓事今誰繼，輪帛旌賢擬見招。

西征遇雪

木落空林夜有霜，朔風重釀塞雲黄。寒生老臂猶三屬，倦入長途詎七襄。白草舊開東勝地，赤纓先繫左賢王。謾憐飛雪沾雙髩，却笑青山亦點蒼。

予歸入倒馬關作[1]

南風吹雨傍關來，關上千峰畫角哀。老去尚憐金甲在，生還重見玉門開。鷗弦謾引思歸調，虎節空慚上將才。聖主恩深何以報？車前部曲重徘徊。

校記：

　［1］《明詩綜》《明詩别裁集》《列朝詩集》題作"予告歸入倒馬關作"。《御選宋金元明四朝詩》亦收録此詩，題作"入倒馬關"。

人日水竹亭獨酌[1]

千里相看水竹亭，故園風物杳雲汀。歲時忽漫逢人日，尊酒蕭條對使星。汩汩細泉初泮碧，娟娟翠篠故含青。流光荏苒重回首，塵暗當年種樹經。

校記：

[1]《山左明詩鈔》未收錄此詩。《皇明詩統》收錄此詩。

遊醉翁豐樂山同崔東洲[1]

巖下幽亭帶劍斜，山昏游興阻琅琊。疏燈欲亂三星色，殘菊猶存九月花。已共神仙餐石髓，真從霄漢泛靈槎。須臾海月懸鈎上，細印青莎錦石沙。

校記：

[1]《山左明詩鈔》未收錄此詩。《皇明詩統》收錄此詩。

廬江東行夜宿石塘館舍[1]

巢湖湖南夕日曛，東行飛蓋趁秋雲。經過暫憩金城寺，割據曾懸石壘軍。烟火空林生暝色，鴈鴻別浦競歸群。晚來哀柝休爭發，野曠青砧忍並聞。

校記：

[1]《山左明詩鈔》未收錄此詩。《皇明詩統》收錄此詩。

上谷贈吳之山[1]

飄蕭一劍塞城邊，紫氣臨關嘆汝賢。江草牽懷南國夢，磧雲入詠北征篇。出方漫擬周方叔，辭爵曾聞魯仲連。華髮流年看並短，閒羈薄宦轉相憐。

蘇　祐

校記：

[1]《山左明詩鈔》未收錄此詩。《皇明詩統》收錄此詩。

襄陵分司留題[1]

覆砌竹枝已自橫，點池荷葉未全生。青錢宛轉穿鳧藻，紫玉參差接鳳笙。春雨欲來蒼靄合，晚風不動碧雲平。坐深轉見桃華發，誰厭山城二月鶯。

校記：

[1]《皇明詩統》收錄此詩。

九日感興[1]

西風幾見菊花斑，十載防秋朔塞間。蘇武盡銷青海鬢，班超漸老玉門關。天涯歸計今應晚，世上浮名好是閒。寄與滄州叢桂樹，歌聲擬續小重山。

校記：

[1]《山左明詩鈔》未收錄此詩。《皇明詩統》收錄此詩。

河間迎春日雪[1]

雪裏逢春賞不違，梨花柳絮謾爭飛。入簾偏足黃金動，遶砌真看玉樹圍。天上青陽迴羽節，鄗中高唱轉瑤徽。瀛州東望連滄海，好逐仙人跨鶴歸。

校記：

[1]《山左明詩鈔》未收錄此詩。《皇明詩統》收錄此詩。

古意[1]

佳人鳴瑟掩高樓，明月中天似水流。一夜砧聲催白髮，九皋鶴唳在丹丘。貂裘盡暗風塵色，龍劍偏驚山海秋。誰爲含情君不見，胡笳羌管迴生愁。

校記：

[1]《山左明詩鈔》未收錄此詩。《皇明詩統》收錄此詩。

村居九日寄嚴兵憲[1]

三秋風露老年華，九日風煙奈菊花。地僻但聞木葉下，天空初見鴈行斜。狂惟嗜酒悲元亮，興阻登高憶孟嘉。賴有朱幡惇雅俗，却隨鄉社到人家。

校記：

[1]《山左明詩鈔》未收錄此詩。《皇明詩統》收錄此詩。

署中即事呈寮長諸公[1]

日長初試越羅衣，綠晝清陰坐不違。過眼漫驚風物換，遠心翻愛吏人稀。到簾花片依苔墮，隔巷鶯聲接燕飛。追逐仙曹殊濫竊，春風自長故山薇。

校記：

[1]《山左明詩鈔》未收錄此詩。《御選宋金元明四朝詩》收錄此詩。

元夕對雪[1]

元夕陰陰雪忽飄，春寒酒興夜偏饒。穿簾繞砌渾無賴，臨水迴燈迥自消。暗度月明花滿樹，巧隨風勢玉裁綃。長安此夜猶車馬，劇賞清歌未寂寥。

校記：

[1]《山左明詩鈔》未收錄此詩。《御選宋金元明四朝詩》收錄此詩。

蘇　祐

真宗汾陰行宮有御製碑四金人[1]

宋帝行宮汾水邊，翠華想像杳風煙。天書雲篆今何在？玉檢金泥竟不傳。伐石自鐫西祀日，渡河翻恨北征年。金人十二多零落，雙立猶看輦道前。

校記：

[1]《山左明詩鈔》未收錄此詩。《明詩紀事》收錄此詩。

袁州對雪何笋亭侍御[1]

宜春臺邊同暮雲，宜春城下雪紛紛。初隨鳴雨喧相集，轉入飄風靜不聞。銀燭並迴搖乍暝，金尊獨對散微熏。因懷驄馬江城夜，客況曾經可問君。

校記：

[1]《山左明詩鈔》未收錄此詩。《列朝詩集》收錄此詩。

寄謝茂秦[1]

鄴下才名世共傳，梁園賓客更誰先。半生旅寄原能賦，千里神交況有緣。瑚璉共珍清廟器，鴈鴻先柱塞城篇。何年共醉長安市，拚解金龜當酒錢。

校記：

[1]《山左明詩鈔》未收錄此詩。《謝榛全集箋校》收錄此詩。

丁丑歲

其一

大將書銜出禁關，紫衫蒙甲狩陰山。胡兒已報倉皇遯，法駕應從警蹕還。

其二

龍幕熊闈朔雪前，榆林蔥嶺羽書傳。三宮愁思通關塞，九廟神靈在上天。

即　　事
其　　一
山入北樓雙眼明,凭高遥見應州城。天中寶塔層層影,風外金鈴杳杳聲。
其　　二
大石相連小石開,蒙茸林薄鎖墩臺。據形已得高山險,制變還須大將才。
其　　三
茹越西來接馬蘭,天生形勝限呼韓。倘城河外三千里,不數山中十二盤。
其　　四
胡峪巉巗水峪平,中間細路亦縱橫。畫圖貼說疑無地,握算臨時別有兵。

竹　枝　詞
其　　一
鈿蟬金鴈惜春華,寂寞東風到妾家。惟有江頭明月色,夜深共對木蘭花。
其　　二
依依江柳弄煙絲,粲粲江花映竹枝。莫把竹枝翻別調,轉愁折柳送行時。

塞　下　曲 [1]
將軍營外月輪高,獵獵西風吹戰袍。羼簜無聲河漢轉,霜華露氣滿弓刀。

蘇　　祐

校記：

［1］《山左明詩鈔》未收録此詩。《皇明詩選》收録此詩，並附批註："轅文曰：'新矯。'"

江中雜興

其　　一

濤聲晴壓九江城，司馬琵琶哀怨生。去國懷鄉秋色裏，蘆花楓葉總關情。

其　　二[1]

漁翁愛唱竹枝詞，常向煙波理釣絲。昨日回船入江口，却愁城市有人知。

校記：

［1］《山左明詩鈔》未收録此詩。《皇明詩統》收録此詩。

塞上雜曲四首[1]

其　　一

蘇武城邊春草生，李陵臺下暮笳鳴。牙旗分薄休屠帳，羽檄飛傳驃騎營。

其　　二

艷骨香魄幾尺墳，至今指點説昭君。能回白草生青草，應散黄雲化彩雲。

其　　三

有虜新從塞外還，自言家在古簫關。射鵰曾過葫蘆海，牧馬常經草垛山。

其　　四

莽莽天山雲霧黄，歸俘夜入大邊牆。先將雙淚傳通事，徐説連營遯吉囊。

校記：

[1]《山左明詩鈔》未收錄此詩。《皇明詩統》收錄此詩。

砌　草[1]

細草青青尚凍痕，鄉園萬里怨王孫。憶乘款段晴原望，綠滿長堤過遠村。

校記：

[1]《山左明詩鈔》未收錄此詩。《御選宋金元明四朝詩》收錄此詩。

擬古宮詞[1]

其　一

水殿涼生獨不眠，風來忽漫鳳笙傳[2]。尋常門月娟娟夜，似向今宵分外圓。

其　二

夜雨空堦靜自鳴，夢回枕上太分明。蕭蕭幾片芭蕉葉，故起秋聲滿鳳城。

其　三

西苑新開避暑宮，水晶團殿敞簾櫳。鴛鴦自向池邊起，飛入橋西浦漵中。

其　四

霜葉飄紅覆紫苔，嫩緘幽怨向人開。御溝水去曾相謝，流到人間竟不迴。

校記：

[1]《山左明詩鈔》未收錄此四首詩。《列朝詩集》僅收錄"其一"。《御選宋金元明四朝詩》收錄此四首詩。

[2]漫：《列朝詩集》中作"謾"。

蘇　祐

集唐句送表姪吳生鸛自塞下還郡[1]

其　一
男兒本自重橫行,客路常逢漢將營。年少不應辭苦節,多慚名在魯諸生。

其　二
太行關路戰塵收,每見瓜時憶故丘。三晉雲山皆北向,朔風吹葉鴈門秋。

其　三
欲將書劍學從軍,海上青山隔暮雲。自惜汾陽紆道駕,北人南去雪紛紛。

其　四
留君不住益淒其,美酒香茶慰所思。爲報東州故人道,鄉音無改鬢毛衰。

其　五
惟君與我最相親,莫厭傷多酒入脣。去鴈遠衝雲夢雪,汶陽歸客淚沾巾。

其　六
流澌臘月下河陽,却望并州是故鄉。怨別自驚千里鴈,風流誰繼漢田郎。

其　七
今日相逢落葉前,故園歸去又新年。高歌取醉欲自慰,繫馬高樓垂柳邊。

其　八
邵平瓜地接吾廬,爲報家人數寄書。萬里寒光生積雪,嗟君此別意何如。

校記:

[1]《山左明詩鈔》未收錄此詩。《御選宋金元明四朝詩》收錄此詩。

青玉案[1]

幾年不上長安道，又陪奉，鵷鷺箙。萬里東風先自到。鳳樓晴靄，龍池春草，盡是烟花繞。

紅雲冉冉東華曉，拜舞瞻天表。日上鑪薰碧篆裊。黃麻徵霸，甘棠思召，首應旌賢詔。

校記：

[1] 此詞在帳詞《入覲旌賢帳詞》之末。

擬古樂府序

樂者，聖主治情之具也。夫人有血氣生知之性，而無喜怒哀樂之常，感物而動心，術形焉。若《樂記》所云，聖王慎所以感之者，乃調之以律度，文之以歌頌，蕩之以鍾石，播之以絃歌，使之陽而不散，陰而不襍，剛氣不怒，柔氣不攝。由是可以滌性靈，可以袪怨思。施之於邦國則朝廷序，施之於郊廟則神祇格，施之於宴享則君臣和，施之於戰陣則士民勇。逖攷三五之代，世有厥官，若瞽宗、大司樂之屬，典者自卿大夫、師、瞽以下，皆選有道德之人。朝夕習業，以教國子。國子者，卿大夫之子弟也。故舜命夔曰：女典樂教冑子。是以殷紂棄其先之樂，迺作淫聲以說婦人，樂官師瞽抱其器而犇散，或適諸侯，或入河海。至春秋時，雅樂在魯，招樂在齊，是故季札有甚盛蔑加之嘆，孔子形不圖至斯之語。周道缺，怨刺興，王澤竭，而詩不作。王宮失業，雅頌參錯，孔子論而定之。故曰："吾自衛反魯，然後樂正，《雅》《頌》各得其所。"是時，周室大壞，諸侯恣行，設大觀，乘大輅，陪臣管仲季氏之徒，三歸雍徹；八佾舞庭，王制寖廢，陵夷而不返。桑間濮上，鄭、衛、宋、趙之聲並出。內則導慾戕生，外則蠹政傷民，秦穆遺戎而由余去，齊人餽魯而孔子行，有由然也。聖王治情之具，十失八九。迨至六國，魏文侯最爲好古，乃聽古樂則欲寐，聞鄭衛則不知倦。子夏辭

蘇　祐

而辨之,卒不相入。嗣是淪胥以亡極矣。漢興,樂家有制,氏以雅樂聲律,世守其官,但能紀其鏗鏘鼓舞,而不能言其義。叔孫通、夏侯寬各有發明,大抵皆襲秦舊,難語復古。初,高祖既定天下,過沛,與故人父老相樂酒歡,作大風之歌。令沛中僮兒百二十人習而歌之,識者議其伯心之猶存。孝惠時,以沛宮爲原廟,遂令歌兒習,吹以相和,常以百二十人爲員。文景之間,樂官肄業而已。武帝定郊祀之禮,祠太一於甘泉,祭后土於汾陰,乃立樂府,采詩夜誦,有趙代秦楚之謳,以李延年爲協律都尉,舉司馬相如等數十人造爲詩賦,略論律呂,以合八音之調。夜感神光之應,歡動竹宮之拜,祠官數肅然動心,可謂盛矣。自茲以降,文人學士擬而作之,代不乏人。或踵襲故常,或迷瞀本義,支離無當,觀者增厭;縱有所發,亦不免曲終奏雅之誚。唐李太白天才雋逸,而題與義各仍其舊。張籍、王建以下無譏焉。元楊廉夫力去陳俗,比之聲調,或不暇恤。噫!此樂府之學久廢,而作者往往稱難也。尚寶北山李君賦博雅之才,稟淵朗之識,居官暇豫製作聿精,傳布藝苑,倍增紙價。邇者,以擬古樂府一册寄自都下。受而讀之,質而不俚,續而不豔,舂容含蓄,直追漢魏,有一唱三嘆之風。言志依永之意猗與休哉。今天子制禮作樂,戀建中和,北山職司禁近,仰贊謨謀,以昭干羽之休,以臻率舞之治,夔不得專美於前矣。僕也衰朽草澤,不足以揄揚國家之盛,若夫歌咏太平,如古康衢擊壤之流,則不敢固遜也。未審北山以爲然否。

三　關紀要序

險足以守乎?曰:春秋書城,虎牢重設,險也。君子宜無弛備,以啓狡焉。思肆之心,險不足以守乎?曰:孟軻氏云,地利不如人和,徒險之恃,君子有遺論矣。夫人有言曰:天子有道,守在四夷。夷狄烏合獸噬,然不可以無防也。國初沿邊置鎮府,自肅慎氏爲外藩,延袤而西者,則大寧、宣府、大同、延綏、寧夏、甘肅,載踰嘉峪,爰建哈密，用斷匈奴右臂，以貽萬世安利，繫宏遠矣。嗣是因時改革，乃移置大寧於保定，而以其地置朵顏等衛。其後薊州、偏頭、固原改設總鎮。今所稱九邊者，視初加密。成祖定鼎燕京，密邇虜穴，山海在左，居庸在右，則紫荆等關迤邐聯屬，蓋又國之門戶云，其視它鎮不重且要哉！甲辰歲，點虜肆逞，直闖浮圖峪。浮圖，古蜚狐口也。京師戒嚴。嗣歲，余叨膺提督諸關軍務之役，既勉力以承新命，次第經略，幸而歲事有秋，外內寧謐。念稽往詔來，宜有載記，爰攷往牘，謾無左證，因命侍史錄諸卷案，并取諸敕諭所載及群邑所上者。授簡于栗仁甫氏，著紀要十篇，圖説附焉。首建置，稽始也。政有經緯，匪文莫備，故次經略；文武並用，戢暴須武，故次兵防；師行糧從，兵貴宿飽，故次軍餉；地有險易，衆寡因之，故次戍守；習險既閑，地利可得，故次險要；兵以衛民不足，又重煩民捄，時之政也，故次調集；偵探豫則耳目長，足以制變，故次警報；宣、大，外藩也，惟不固則内閫孔嚴，故次邊衝；不遑寧處，獫狁之故，責任可知矣，故次虜系。嗟夫！險以制變，圖以定軌，説以盡言，兵政其有裨乎？抑嘗聞之，兵無形也，唯善用兵者斯能形其形。是故險可以守，而不可徒守也，余也其尚免於按圖索駿之誚矣夫。

謝四溟詩序

夫《詩》之教，著之經，孰弗能言之？臨鉛握槧，幾者恒鮮？子興氏曰："以意逆志，是爲得之。"是故其妙在超悟形神，匪拘名理。論者譬之禪乘，允哉知言。漢、魏盡意，古雅弗刊；唐人造興，綺麗晚靡。要之盛，猶有三百篇遺音，可諷誦也。迨後論理途殽，遂湮意興。嗟夫！六籍垂範，孰非標法植紀，闡化造玄，體弗相襲？若拘説理，無辨於文，何六畫之撰，非四始之裁；敷奏之辭，異託喻之旨；謹嚴之典，殊優柔之什乎？明興，至敬皇時，詩體禠陷，賴李、何諸子，功著廓清，詩道載興。繼作者率循軌度，然咸章縫可數也。向李東岡司諫示予謝

蘇　祐

子五言律詩，讀而愛之，雅稱作者，肖李、何矣。茂秦感於同懷，不遠千里，以全帙寄至鄴中。假物章情，緊正而和；託詞發意，聿切而遠。俯尊韋布而有斯音，不尤可稱哉。爰著所聞，并訊同志，商敦周鼎，欵識自別。觀者可並考見其所存云。嘉靖庚戌春，東郡蘇祐。

雙忠祠碑記

雙忠祠，祀故宋臣兩先生江氏也[1]。江伯氏諱萬里，字子遠，號古心，實都昌人。少有雋才，連舉於鄉[2]，登寶慶二年進士，文名籍甚[3]，受知理宗，嘗書其姓名於几。嘉熙末，同知樞密院事，旋復罷去。咸淳元年[4]，復以舊秩起。

先生器望隆重，風裁蔚然[5]，顧峭直自任，遇事無隱，時論多齟齬[6]。初爲賈似道宣撫參謀[7]，似道每惡其違己，先生不爲意。無何，似道以去要帝，帝涕泣漣如，既拜且留。先生以手掖帝曰："自古無此君臣禮！陛下不可拜。似道不可復言去。"似道下殿，舉笏謝先生，心實忌之，數謀驅逐[8]。會先生亦四上書求去，出知潭州。絳侯見猜而賈謫，公孫不合而董遷，異代同符，士林雅重。

五年，復拜先生與馬廷鸞爲左右丞相[9]。時襄樊圍急，似道竊持國柄，日唯聲色[10]，苑囿是耽，先生屢請益師往救[11]，似道弗答，遂力求去。寓居饒州[12]，鑿池芝山，匾亭止水，跡涉逸豫，心負隱憂，人莫喻其旨。及襄樊破，先生執門人陳偉器手曰："即今大勢已不可爲，吾雖不位[13]，當與國爲存亡。"既而元兵圍饒州，民皆遁去，知州事唐震死之，先生從容坐守，以爲民望。已而，元兵入其第，欲屈之，先生遂赴止水死。道範家人，情篤父子，侍人暨嗣鎬相繼投水中[14]，積屍如疊。翌日，先生屍獨浮水上，人以爲異[15]。從者殯葬之。

偉烈激於素衷，英靈貫乎日[16]，朝廷嗟嘆，行道痛哉[17]！詔贈太師、益國公，諡文忠。忠表蹇蹇，文昭郁郁，按諡稽履[18]。嗚呼，稱矣！

仲氏諱萬頃，字子洪，號古崖，聯裾筮仕，歷縮郡符，榮戟攸臨，清謹茂著[19]。任棠置水而盡清[20]，郭伋待期以弘信[21]，不是過也。知南劍州，威獮適宜[22]，教養備至[23]，興學置田，廩餼以助，彬彬奕奕，俗易化行，武城下邑，言偃不廢乎絃歌[24]；蜀郡僻遠，文翁式先乎禮樂。解組家居，元兵逼境，委置私第，遠赴饒州[25]，冒險詣兄，克念天顯，竟爲賊所執，大罵不屈，元人支解之。

嗟嗟！屈原放逐[26]，竄身汨羅；張巡拒守，殞命睢陽。方知江兩先生出非懟君[27]，斃非守土，徒以憤王維之已墜[28]，悲國祚之綴旒，乃殺身成仁，捨生取義，連翩絕軌，萃集一門[29]。機雲麗藻，殊無紀於旂裳[30]；真杲芳塵，益增燁乎琬琰[31]。江氏爲其難者[32]，非耶。江伯氏舊祠饒州[33]，嗣孫道正以梓里隔遠[34]，蘋薦未便，且祀伯遺仲，無以深慰九原，備呈觀風使，梟建雙忠祠於都昌[35]。今大中丞克齋王公[36]，保釐茲土，道正復以有祠無碑[37]，無以垂示萬載。王公允其請，檄所司伐石戒工，命佑執筆[38]，將謂顯忠訓世，亦與有責云[39]。夫太上立德，其次立功，前哲之不朽，樹之風聲，表厥宅里，後賢之良圖[40]。其如何而以文辭[41]抉玄[42]搜隱，尚行崇德[43]，俾廣譽塞於寰區，慶澤延於千億。其辭曰：

於休江氏，都昌爰處。伯仲之間，實見伊呂。純懿天授，悟穎日新。如山如淵，爲時名臣。讜議方聞。奸回是忌。載謫載遷，疇怨疇懟，止水鑒性，乃亦捐軀。父子足法，有嗣與俱。明明仲弟，虎符聿剖。並轡龔黃，方駕卓魯。罷官歸田，避難而行。罹茲凶疢，哀哉令名。一之實難，江氏已再。峨峨雙忠，寤言感慨。建祠礱瑉，昭昭景賢，趙宋之臣，垂訓萬年。

大明嘉靖十一年癸巳歲夏四月[44]。

校記：

[1] 兩先生江氏也：《南康府志》《都昌縣志》作"兩江先生也"。

206

[2] 連舉於鄉：《都昌縣志》無此句。

[3] 籍甚：《南康府志》《都昌縣志》作"藉甚"。

[4] 咸淳元年：《都昌縣志》作"度宗咸淳元年"，《南康府志》作"咸熙元年"。

[5] 風裁蔚然：《都昌縣志》作"風采蔚然"，《南康府志》作"風裁蔚狀"。

[6] 時論多齟齬：《都昌縣志》無，《南康府志》無"多齟齬"。

[7] 宣撫參謀：《南康府志》《都昌縣志》作"宣撫司參謀"。

[8] 數謀驅逐：《都昌縣志》無。

[9] 復拜先生與馬廷鸞爲左右丞相：《都昌縣志》作"復拜先生爲右丞相"。

[10] 日唯：《都昌縣志》作"日堆"。

[11] 往救：《南康府志》《都昌縣志》作"往援"。

[12] 饒州：《南康府志》《都昌縣志》作"鄱陽"。

[13] 吾雖不位：《南康府志》《都昌縣志》作"貞臣厲節，去留在所不計"。

[14] 侍人暨嗣鎬相繼投水中：《南康府志》作"暨嗣鎬相繼投水中"，《都昌縣志》作"暨嗣鎬相繼投沼中"。

[15] 人以爲異：《都昌縣志》無。

[16] 英靈貫乎日：《南康府志》《都昌縣志》作"英靈貫乎白日"。

[17] 痛哉：《南康府志》《都昌縣志》作"痛哀"。

[18] 稽履：《南康府志》《都昌縣志》作"稽尸"。

[19] 茂著：《南康府志》《都昌縣志》作"懋著"。

[20] 盡清：《南康府志》《都昌縣志》作"盡情"。

[21] 郭伋：《南康府志》《都昌縣志》作"郭伊"。

[22] 威獮：《都昌縣志》作"威德"。

[23] 備至：《南康府志》《都昌縣志》作"備舉"。

[24] 言偃：《南康府志》《都昌縣志》作"言游"。

[25] 遠赴饒州：《都昌縣志》無。

[26] 屈原：《都昌縣志》作"屈子"。

[27] 方知江兩先生：《南康府志》《都昌縣志》作"方之江兩先生"。

[28] 憤王維之已墜：《都昌縣志》作"憤王綱之已墜"。

[29] 萃集：《南康府志》作"盡集"，《都昌縣志》作"交集"。

[30] 旂裳：《南康府志》《都昌縣志》作"旂常"。
[31] 燁乎：《南康府志》《都昌縣志》作"美于"。
[32] 爲其：《南康府志》無。
[33] 耶江伯：《南康府志》無。
[34] 隔遠：《南康府志》作"遠隔"，《都昌縣志》作"遥隔"。
[35] 梟建雙忠祠於都昌：《都昌縣志》作"請建雙忠祠於都昌"。
[36] 克齋王公：《都昌縣志》作"王公克齋"。
[37] 道正：《南康府志》"道正"前有"振揚休靈，扶植風教"。
[38] 命佑：《南康府志》《都昌縣志》作"命祐"。
[39] 亦：《南康府志》《都昌縣志》前有"祐"字。
[40] 良圖：《南康府志》《都昌縣志》作"令圖"。
[41] 其如何而以文辭：《南康府志》作"其如何以不文辭"。
[42] 抉玄：《都昌縣志》作"抉元"。
[43] 尚行崇德：《南康府志》《都昌縣志》作"尚德崇行"。
[44] 大明嘉靖十一年癸巳歲夏四月：《南康府志》《都昌縣志》無。

蘇　　濂

蘇濂(1513—?),字子川,號鴻石,濮州(今河南範縣)人,尚書蘇祐之子。六試鎖院不利,以蔭授鴻臚署丞,官至鞏昌通判。科場失意,歸而著述,凡十餘種。

生平事蹟見清錢謙益《列朝詩集小傳》,清陳田《明詩紀事·己籤》卷七,清於慎行《明故陝西鞏昌府通判誥封錦衣衛指揮僉事鴻石蘇公墓誌銘》(《穀城山館文集》卷二十三),清高士英修《濮州志》(宣統元年刻本)卷四。明謝榛《謝榛全集校箋》有《送蘇子川之雲中》一詩,詩云:"黄塵上馬頭,風日慘於秋。獨羨虯髯子,能爲雁塞遊。孤雲低驛道,萬柳出邊樓。自古儒生貴,功成定遠侯。"

蘇濂工詩,有詩文集《蘇伯子集》十三卷,《明史·藝文志》著録。《千頃堂書目》卷二十四於嘉靖乙丑科四十四年下著録。清周尚質修《曹州府志》(乾隆二十一年刻本)桑春著録《蘇濂文集》。據《千頃堂書目》載,蘇濂還著有《石渠意見補遺》《四書通考補遺》。

《蘇伯子集》十三卷,現藏於中國社會科學院文學研究所,明嘉靖三十八年(1559)刻本,存卷一至卷六、卷九至卷十三。卷首有蘇濂自序。

其他散存見於明陳田《明詩紀事·己籤》卷七收録其《雜詩》一首;清錢謙益《列朝詩集·丁集》收其《遊大明湖》《園居》《時事》《寄北山李符卿》《絶句》五首詩;清宋弼《山左明詩鈔》卷二十收其《述懷》《雜詩二首》《月夕餞別龔温州性之》《宿崇寶寺》《雨晴南園》《林泉真

逸圖爲從兄士隱題》《十六夜月》《閨怨》《園居》《晚至柏井驛》《夜過天津》《秋風簡同旅諸君子》《遊靈巖》《下第》《獨酌》《絕句》《別龔溫州》十八首詩；清朱彝尊《明詩綜》卷五十錄《青石嶺》《絕句》二首詩；明李騰鵬輯《皇明詩統》（萬曆刻本）卷二十五錄其《雜詩二首》《九弟宅聽常四彈琴效何水部體》《宴從叔園亭》《青石嶺》《倒馬關》《晚至柏井驛》《寄北山李符卿》《獨酌》《邯鄲懷古》《絕句》十首詩；清張豫章《御選宋金元明四朝詩》錄其《遊大明湖》《園居》《青石嶺》《寄北山李璽卿》《絕句》五首詩。清高士英《濮州志》（宣統元年）卷七《藝文志》收錄《郡人蘇濂陳臺吊陳思王賦》一篇；乾隆《曹州府志》卷十九收其《吊陳思王賦》一篇。《海嶽靈秀集》評其詩"鴻石詩俊雅宏壯，視厥弟爲亢"。明謝榛原著《謝榛全集校箋》（上册）卷九有贈詩一首《送蘇子川之雲中》："黃塵上馬頭，風日慘於秋。獨羨虬髯子，能爲鴈塞遊。孤雲低驛道，萬柳出邊樓。自古儒生貴，功成定遠侯。"

《詩説解頤》四卷，書成於嘉靖癸亥（1563），有作者是年自序；崇禎戊寅（1638）刊板梓行，有作者仲孫蘇光曙是年跋語。全書分元、亨、利、貞四卷，係"掇拾舊聞，並附己意"（自序）而成；廣涉詩評、辨體、詩法、考辨、逸聞、掌故、詩句源流等，自劉勰《文心雕龍》、鍾嶸《詩品》、皎然《詩式》以下，至宋人詩話、詩論，採擷甚多。皆不注出處，排列亦隨意。今存明紅格鈔本，北京大學圖書館藏。

此次點校詩以清宋弼《山左明詩鈔》爲底本，以明陳田輯撰《明詩紀事》、朱彝尊編《明詩綜》、李騰鵬輯《皇明詩統》（萬曆刻本）、清張豫章奉敕編《御選宋金元明四朝詩》、錢謙益撰集《列朝詩集》爲校本，詩共計 26 首；文《吊陳思王賦》以清周尚質修《曹州府志》（乾隆二十一年刻本）卷十九爲底本，文共計 1 篇。

述　　懷

仲尼宰中都，鄭僑秉國政。毀言日盈庭，期月而後詠。信任苟不專，何由知賢聖。更化良獨難，慮始固其病。陋哉斯民心，詎能窺庭徑。死生亦不易，知己士所定。嗟嗟胡不然，輕毁復輕聽。

雜詩二首

君子弘大業，細人競微利。不朽須良圖，握算夜忘寐。身與名孰親，道家有深忌。高明鬼瞰室，多才反爲累。所以古夷齊，不願馬千駟。

龍且輕韓信，劉歆陋楊雄。貴耳古已然，吠聲今成風。短褐讀古書，志士甘固窮。疇能察其端，延譽諸王公。是非久乃定，嗟哉彼狡童。

月夕餞別龔温州性之

月夕城烟斂，列宿吐光芒。改席臨方除，待月欣舉觴。霜清灝氣澈，兔魄經東方。仰掇渺莫即，俯視在我傍。流輝入懷袖，林影鬱以蒼。月行固當圓，人曾何能常。雲鴻顧儔匹，君乃戒束裝。徘徊廣庭內，執手載登堂。良晤難屢值，明發各異鄉。醉歌答永夕，感玆月出章。

晚至柏井驛

雲間鷄犬村，古驛近黃昏。山果猶垂實，庭槐半露根。坂高臨上黨，地險控中原。更愛前溪水，縈迴自繞門。

邯鄲懷古[1]

邯鄲故是繁華邑，風雨叢臺長綠莎。燐火尚餘秦陣壘，封疆猶記趙山河。雲橫睥睨歸鴉迴，水近兼葭落薦多。廉蘭英雄千古重，驅車今日嘆經過。

校記：

[1]《山左明詩鈔》未收錄此詩。《皇明詩統》收錄此詩。

夜過天津

掛帆極浦晚悠悠,坐對長空片月流。水底魚龍驚白晝,夜涼風露擬清秋。潮聲隱約喧江口,漁火分明照渡頭。似泛靈槎霄漢上,雙星不見使人愁。

遊靈巖

叢林遥躡遠公廬,福地新停高士車。流水曲環僧竈碧,層巒四映佛宮虛。三生究竟欣聽法,十載飄零悔上書。莫向塵途争幻妄,好從清净悟真如。

宿崇寶寺

雨霽投山寺,西林日近曛。僧貧惟有衲,碑斷已無文。塔影中天見,鐘聲下界聞。佛壇群動息,香靄静氤氲。

雨晴南園

日涉園成趣,殘陽半在扉。風翻庭草亂,雨積徑苔肥。臺省無長孺,江湖有陸機。晴窗檢書帙,及暮澹忘歸。

林泉真逸圖爲從兄士隱題

避地厭招尋,南山叢桂陰。曉林横翠崿,春澗瀉鳴琴。日玩閒居賦,時爲梁甫吟。柴門生事少,三逕落花深。

十六夜月

延賞同今夕,風流當在兹。誰知既望月,恰似未圓時。砧杵千家動,關河一鴈遲。笛聲奏何處,半是落梅詞。

閨　　怨

別君罷膏沐,鸞鏡積芳塵。埀鵲還愁雨,窗鶯更怯春。誰將織錦字,爲寄畫眉人。幽怨琵琶寫,絃哀益損神。

園　　居

壯年不遇主,歲月忽侵尋。買藥到城市,讀書隨樹陰。窗虛啼鳥近,門掩落花深。舊日逢方士,曾傳戲五禽。

遊　大　明　湖[1]

風物湖中好,家家白板扉。浮雲去水近,返照入林微。潮落漁磯淺,江寒雁影稀。晚來砧韻起,是處搗征衣。

校記:

[1]《山左明詩鈔》未收錄此詩。《列朝詩集》收錄此詩。

時　　事[1]

群盜憂方切,繁霜況暮春。封疆誰鎖鑰,天地漸風塵。處處鳴絃日,家家望雨人。時危身尚棄,空有淚霑巾。

校記:

[1]《山左明詩鈔》未收錄此詩。《列朝詩集》收錄此詩。

九弟宅聽常四彈琴效何水部體[1]

空齋積雨歇,曉窗涼意侵。無言褻寶篆,有客彈鳴琴。膝上清商曲,堦前落葉深。始信田文泣,不待雍門吟。

校記：

[1]《山左明詩鈔》未收錄此詩。《皇明詩統》收錄此詩。

宴從叔園亭[1]

晴烟飛邃閣，午日抱空巖。啜名移舟罋，窺書啓玉函。魚潛依荇藻，鶴舞傍松杉。轉憶竹林事，疏狂非阮咸。

校記：

[1]《山左明詩鈔》未收錄此詩。《皇明詩統》收錄此詩。

青 石 嶺[1]

鳥道盤雲細，羊腸度坂危。青迴峰歷乱，丹轉梯逶迤[2]。飲澗猿相掛，崖懸樹倒垂[3]。平生愛山水，此地足棲遲。

校記：

[1]《山左明詩鈔》未收錄此詩。《明詩綜》《御選宋金元明四朝詩》《皇明詩統》均收錄此詩。

[2]梯：《明詩綜》《御選宋金元明四朝詩》作"磴"。

[3]崖懸：《明詩綜》《御選宋金元明四朝詩》作"懸崖"。

倒 馬 關[1]

山向中天立，人從絕塞還。關高臨倒馬，樹雜聽鳴蟬。峽轉疑無路，峰迴別有天。家園雖尚遠，所喜近平川。

校記：

[1]《山左明詩鈔》未收錄此詩。《皇明詩統》收錄此詩。

秋風簡同旅諸君子

京國秋風昨夜歸，天南鴻鴈故飛飛。籬花寂歷相將發，苑柳蕭條積漸稀。旅況只憑燕市酒,雅懷常憶楚山薇。同遊俱是天涯客,珍重乘時可授衣。

下　第

攜書六上竟空歸,父老憐子每叩屏。日月自催雙鬢短,風雲漸送故人稀。傷心籬畔花爭發,卧病窗前葉亂飛。却笑蘇秦不解事,黃金費盡未知非。

獨　酌

門巷人無問字過,天涯客子意蹉跎。黃金不復燕臺築,壯士空懷易水歌。九塞烽烟催餉急,七陵風雨入秋多。音書寂寞年華晚,不飲其如旅況何。

寄北山李符卿[1]

客裏逢秋倍憶鄉,裁詩遥寄雁南翔。東山樂事携紅袖,西閣才名溢縹囊。舊雨故人空在望,新豐美酒共誰嘗。猶聞聖主思耆碩,曾問先朝尚璽郎。

校記:

[1]《山左明詩鈔》未收録此詩。《列朝詩集》《皇明詩統》《御選宋金元明四朝詩》收録此詩。

絶　句

新笋抽林與屋齊,亂紅飛過畫欄西。流鶯不管春來去,坐向緑陰深處啼。

別龔温州

埋輪氣節乘驄馬,爲郡風流佩虎符。回首孤帆天際遠,鴈聲帶雨八寒蕉。

吊陳思王賦

總余轡之沃若兮，眺顓頊之舊疆。遵谿瀨而容與兮，嘉禾穎於郊邙。縈高臺之嵬嵬兮，荊榛虧蔽而縱橫。鳥雀噪於廣原兮，浮雲蔓日而蒼茫。詢虛落之黃耇兮，云胡築此阜也？曰子建之改封兮，嘗鄄城之是守也。賦元暢以表志兮，聊假日以藏修。富八斗而若虛兮，秉圭璋以何求。覽皇墳而太息兮，悅年歲而未期。求自試而罔獲兮，嘅干將之莫儔。粵兹都之舜耕兮，冀讓畔而解憂。莊生綸竿其奚適兮，寧宗廟之犧牛。中夜悒怏而挈衣兮，懷鼎立之是仇。蘭芷摧而爲虆兮，荃蕙腐而不芬。棟梁損於中野兮，雨露滋蕭艾而憖憖。答教誣其豫設兮，奚援筆之離群。媒丁揚之猾胎兮，曹魏蹶而崩分。鳲鳩胡能以均養兮，殊觖望於慶雲。豐殽醴於圈牢兮，知非其素志也。誦詩人於胡顔兮，思思將爲所刺也。假錐囊於陪隸兮，拜明主之大賜也。詠《離騷》於澤畔兮，涕浪浪而如醉也。騏驥長鳴於伯樂兮，韓盧牽裾而悲號。廢鹿鳴之賓筵兮，感棠棣而忉忉。黃鳥嚶嚶以出谷兮，念友生而中勞。痛蓼莪之罔極兮，魂惝怳以黯銷。塊然處於室廬兮，悄妻孥其誰告。語展典籍而自愉兮，高子臧於隆古。拔劍舞於朱虛兮，三監愆尤其自取。辟田族於呂宗兮，情憤懣而奚補。欽志士之達節兮，奠玄酒而涕洟。聞鄴都之決漷兮，存一木以何支。丕物化而磨滅兮，行人惻惻於陳思。溢聖狂於朝露兮，諒不朽之在兹。亂曰：已矣哉，銅爵沉於漳水兮，書臺鬱而嵯峨。秋蟲鳴於豆葉兮，余重有感於釜中之歌。

蘇濬

蘇濬(1520—1570),字子沖,號玄石,明濮州(今河南範縣)人,蘇祐之仲子,蘇濂之弟。嘉靖二十八年(1549)乙酉科舉人。自幼愛好文學,"六七歲,隨其父宦吳。渡江,能爲賦二聯;登虎丘,能爲詩四句。"明人謂其青出於藍勝於藍,且大過之。

生平事蹟見清錢謙益《列朝詩集小傳》,清張廷玉《明史·藝文志》,明李騰鵬輯《皇明詩統》(萬曆刻本)卷二十五,清高士英《濮州志》(宣統元年刻本)卷三,清朱彝尊《明詩綜》,清陳田《明詩紀事·己籤》卷七。明謝榛著《謝榛全集校箋》收錄臨別贈詩《送蘇子沖之雲中》一首,詩云:"翩翩蘇季子,征馬獨嘶風。路轉河聲近,星搖劍氣雄。旌旗閒塞上,笳鼓静雲中。試看和戎後,誰收不戰功?"

蘇濬著有《仲子集》(《列朝詩集小傳》及《明詩綜》作《蘇仲子集》,此依《明詩紀事》)。《明史·藝文志》錄其《仲子集》。《列朝詩集》丁集第二收其《暮秋夜宿紫荆關》《暮春雨中集惟時西園》《鹽河聞雁》《弘慈寺別沈元戎》《春暮東園獨酌》《莊上閒居》《夏日園居》《三月晦日病中戲成》《清明日偶述》《背面美人二首》詩十一首。《明詩綜》卷四十五收其詩《鹽河聞雁》《暮秋夜宿紫荆關》二首。《明詩紀事·己籤》卷七收其《背面美人》一首。清朱彝尊《明詩綜》卷五十收其《鹽河聞雁》《暮秋夜宿紫荆關》詩二首。明李騰鵬輯《皇明詩統》(萬曆刻本)卷二十五錄其《放歌行贈宋子方崔中甫》《簇蠶詞》《鰲山曲順德觀燈作》《失鶴二首》《送諸俠士赴軍門》《盐河闻雁》《弘慈寺別沈元戎》

《莊上閒居》《至京師懷寄家兄》《夏日園居》《中秋不見月悵然有懷》《大司馬樊公席上奉贈》《臺下新水二首》《南莊即事》《清明日偶述》《背面美人二首》詩十九首。清張豫章《御選宋金元明四朝詩》錄其《暮春雨中集惟時西園》《鹽河聞鴈》《弘慈寺別沈元戎》《莊上閒居》《夏日園居》《清明日偶述》《背面美人二首》詩八首。清宋弼《山左明詩鈔》卷二十收其《晚秋泛錢塘江效何遜體》《述懷三首》《秋日病懷》《早秋泛舟》《送石子材赴清河令》《送桑子誨赴平涼貳尹》《送鍾明府季烈服闋北上》《暮秋夜宿紫荊關》《弘慈寺別沈元戎》《太液春波和答李伯承》《夏日園居》《河上秋泛有懷八弟》《清明日偶題》詩十五首。毛承霖纂修《續修歷城縣志》（民國十三至十五年）收錄其《濟南穀丈卜居泉上》一首。範縣地方史志辦公室校注《濮州志校注》收錄《郡人蘇澹〈爲李户部序使金陵稿〉》一文，輯自清宣統元年《濮州志》卷八。明查志隆《岱史》卷十七收錄《登岱二首》詩兩首。

錢謙益評其詩曰："嘗有感慨之句。中立謂其青出於藍，且尤過之。"宋弼《山左明詩鈔》卷二十評曰："其詩莊重精麗，雅有父風。中立謂其出於藍而青於藍，識者辨焉。"

此次點校詩以清宋弼《山左明詩鈔》爲底本，以明陳田輯撰《明詩紀事》、明查志隆輯《岱史》、清朱彝尊編《明詩綜》、清錢謙益《列朝詩集》、明李騰鵬輯《皇明詩統》（萬曆刻本）、清張豫章奉敕編《御選宋金元明四朝詩》、毛承霖纂修《續修歷城縣志》爲校本，詩共計37首；文《爲李户部序使金陵稿》以清宣統元年《濮州志》爲底本，文共計1篇。

弘慈寺別沈元戎[1]

蕭寺送行頻，蟬聲入座新。夏雲驕釀雨，關樹遠通津。門外長安路，樽前出塞人。願分雙寶劍，萬里静胡塵[2]。

校記：

[1]《列朝詩集》《皇明詩統》《御選宋金元明四朝詩》均收錄此詩。《皇明詩

蘇　澹

統》附批註:"格律嚴整,俠氣可想。"

[2] 胡:《御選宋金元明四朝詩》作"邊"。

早秋泛舟

相思湖水闊,忽聽采菱歌。不飲尊中酒,其如別恨何? 天高雲葉細,風緊浪花多。鷗鷺爭迎笑,年年戀芰荷。

失　鶴[1]

其　一

舊畜華亭種,巫山分曉霞。馴階穿竹葉,隔檻啄桃花。舞憶當人立,鳴思對客誇。冥冥萬里去,應不爲昏鴉。

其　二

爾脱樊籠好,予憐霄漢心。英雄難拘束,珠貝不埋沉。自拾風前羽,虛驚雲外音。野人多繒繳,珍重太山陰。

校記:

[1]《山左明詩鈔》未收錄此詩。《皇明詩統》收錄此詩並附批註:"當不讓孫太白《失鶴》六首也。"

送諸俠士赴軍門[1]

俠士山東選,雄圖塞北遊。自緣甘滅虜,原不爲封侯。寶劍臨風按,雕弓滿月秋。慚余戀儒服,投筆志難□。

校記:

[1]《山左明詩鈔》未收錄此詩。《皇明詩統》收錄此詩並附批註:"有俠氣。"

春暮東園獨酌[1]

郭外幽亭客到稀,一尊聊爲賞芳菲。雨添新水浮萍出,徑裊餘香蛺蝶飛。欹欹自歌衰鳳曲，江湖誰占釣魚磯。醉中轉覺閒居好，小徑柔桑信步歸。

校記：

[1]《山左明詩鈔》未收錄此詩。《列朝詩集》收錄此詩。

至京師懷寄家兄[1]

別路春風慣客愁，蹇驢孤劍思悠悠。狹邪巷陌蠶初老，韋杜人家麥欲秋。夢入池塘芳草合，吹餘篪管碧雲留。塵埃蹭蹬還如昨，羞說常何薦馬周。

校記：

[1]《山左明詩鈔》未收錄此詩。《皇明詩統》收錄此詩。

中秋不見月悵然有懷[1]

虛堂薄暮迥添愁，四壁蛩吟苦未休。西塞音書千里夢，中庭瓜果萬家秋。良宵自減臨風興，素女非緣見客羞。何日秉鸞攀桂樹，陰雲淨掃照中州。

校記：

[1]《山左明詩鈔》未收錄此詩。《皇明詩統》收錄此詩。

大司馬樊公席上奉贈[1]

清秋逸興黃花主，綠野高堂白髮仙。祇爲朱陳通繾綣，遂令杖履奉周旋。階前種草皆成藥，壁上題詩盡入玄。聖主當陽念耆舊，綸竿珍重渭河邊。

校記：

[1]《山左明詩鈔》未收錄此詩。《皇明詩統》收錄此詩。

蘇　澹

放歌行贈宋子方崔中甫[1]

丈夫不可戴儒冠,浪遊不可來長安。儒冠奔走愧高尚,自古長安行路難。既無仙藥點金丹,又無長纓繫呼韓。風塵滿面人不識,黃鵠空思振羽翰。宋君海上詠波瀾,崔子龍洞棲巖巒。相思不可見,相望路渺漫。今夕此何夕,對我夢無歡。燕京酒薄傾百石,焦桐披拂時一彈。便學國子步,聊捧睟兒盤。狂歌仰天月,欲午携手大笑春雲殘。儒冠不用雙眉攢,長安旅食還共飱。相邀獻策登金鑾,相期飲馬臨桑乾。大鵬終當扶搖九萬里,迴視蓬篙,鴟鶪齷齪堪悲酸,放歌行天地寬。

校記：

[1]《山左明詩鈔》未收錄此詩。《皇明詩統》收錄此詩。

簇蠶詞[1]

魯桑採盡蠶不老,家家跪向蠶神禱。東莊有桑不肯賣,提筐見人忙下拜。辛苦得葉蠶老食,未曾簇蠶先嘆息。兒夫招募薊門秋,阿姑老病臥床頭。征裝與薪米,半是此中求。打孅蠶,多作繭。一箔擇兩石,幸不將衣典。兒夫歸早姑健康,中庭報賽絡絲娘。

校記：

[1]《山左明詩鈔》未收錄此詩。《皇明詩統》收錄此詩。

鰲山曲順德觀燈作[1]

暖日烘河源,春風吹柳絲。三五良夜月,況值上元時。上元家家競燈火,春院秋千不關鎖。妖童慣唱麗人行,俠客齊簪翠花朵。星橋大樹盛金臺,百二雄藩迤邐開。太守風流與民樂,山城幻出小蓬萊。蓬萊高高接仙島,綵勝鰲山結束好。香花羅列賽舊神,金鼓喧闐舞鮑老。城中兒女猶慣見,却轉鄉村邀女伴。銀釵螺髻抹新妝,乍入城闉眼撩亂[2]。百場戲劇千樹花,蘭煙蕙火潤窗紗。白雪何人教麗曲,黃金幾處買琵琶。亦有飛觴醉輕羽,亦有登樓賦懷土。歡娛離別一霎同,天上人間兩無語。菱歌竹馬鬧提壺,漏盡銅龍興未孤。共説今年好元夜,恍疑陸海謔清都。穀雨條風沾四表,榆塞狼煙渾不擾。朝廷早拜富民侯,王畿須借張京兆。看罷鰲山坐月明,鄉雲邊樹總關情。願言普借燈光力,照徹閭閻致太平[3]。

校記:

[1]《山左明詩鈔》未收録此詩。《皇明詩統》收録此詩。

[2]《皇明詩統》附批註:"此一段描寫在眼前。"

[3]《皇明詩統》附批註:"末段有規風。"

暮秋夜宿紫荊關

驛路飄黄葉,關門薄紫荊。上都瞻處近,北斗坐來平。塞冷胡笳斷[1],原荒野燒明。終軍雖老夫,還欲請長纓。

校記:

[1]胡:《明詩綜》作"秋"。

暮春雨中集惟時西園[1]

西園花事歇,一雨淨芳菲。不是鶯相喚,誰知春欲歸。池魚翻晚碧,檻筍茁新肥。待得清和候,重尋芍藥圍。

校記:

[1]《山左明詩鈔》未收録此詩。《列朝詩集》《御選宋金元明四朝詩》均收録此詩。

鹽河聞雁[1]

客子起常早[2],月明殊可親。一聲沙嘴鴈[3],匹馬渡頭人。顧侶鳴偏切,悲秋興轉真。蘭閨夢迴處,應憶客邊身。

蘇　澹

校記：

　　[1]《山左明詩鈔》未收録此詩。《列朝詩集》《明詩綜》《皇明詩統》《御選宋金元明四朝詩》均收録此詩。《皇明詩統》附評語："結更伸出一步。"

　　[2]《皇明詩統》附側批："起處雅健。"

　　[3] 嘴：《明詩綜》作"際"。

晚秋泛錢塘江效何遜體

　　掛帆依暮渚，鳴榔破曉烟。纔經武林曲，倏濟桐江前。潮落平如掌，風輕直似弦。渾疑浮海日，不是問津年。

述　懷　三　首

其　　一

　　夭桃敷春華，籬菊燦秋英。萬物各有時，嗟哉懷吾生。韶歲入鄉序，壯健悲無成。上書違明主，投刺羞公卿。豈無郢中調，頗懷希代聲。靜玩邱園爻，返駕息長征。

其　　二

　　烈夫樹勳名，達士愛景光。獻策不得意，隙駟堪悲傷。市廛苦猥瑣，税駕眺舊疆。歷山成蒿邱，莊臺水湯湯。伊昔館貳室，重華協陶唐。漆園夢蘧蘧，物外稱尚羊。聖哲一朝盡，墟里增彷徨。感兹念今昔，沈憂結我腸。

其　　三

　　芳園不出城，日涉暫成趣。花鳥羅前除，雲霞相布濩。焚香理元帙，養晦却塵務。衮載羞鵷鸞，筌蹄笑魚兔。友朋相經過，濁酒暢情愫。優哉復游哉，池塘謾成賦。

秋　日　病　懷

　　別業傍城隈，蓬門晝不開。祇緣多病日，豈有草元才。閨逼黄花綻,寒催白鷹來。求羊倘相顧,强起共登臺。

送石子材赴清河令

徐淮凋敝日,君去有輝光。願以窗前易,聊爲肘後方。柳魚延過客,豆酒僎高堂。不盡清河水,恩波與共長。

送桑子誨赴平涼貳尹

漠漠隴雲平,蕭蕭班馬鳴。誰知秦少府,原是魯諸生。關日浮山戍,宮雲遶郡城。無須酌渭水,自有伯夷清。

送鍾明府季烈服闋北上

江縣鳴琴客,援琴尚未平。一尊新黍釀,千里故人情。繾綣依鷗渚,迢遥指鳳城。秋蟬如解意,斷續咽離聲。

夏 日 園 居[1]

繩床瓦枕興偏賒,静檢芸編玩物華。蝶夢欲殘香散靄,鳥聲不斷樹籠霞。林墟乍迸翁孫竹,籬落齊開姊妹花。便託瑶琴奏清賞,南薰早爲過山家。

校記:

[1]《御選宋金元明四朝詩》題作"夏日閒居"。《皇明詩統》中附評語:"翁孫竹、姊妹花,天然的對也。"

太液春波和答李伯承

新蒲細柳映晴皋,別殿閒亭爛碧桃。春水欲浮鷗浪起,宮雲不動鳳城高。乘時詞賦還公等,適意魚龍羨爾曹。帝澤無私應廣被,佇看寰海靖波濤。

蘇　澹

河上秋泛有懷八弟

荻花瑟瑟水悠悠，載酒邀賓記勝遊。隔岸馬嘶青草渡，臨流人語白蘋洲。詩床茶灶成清隱，菱角鷄頭作早秋。莫上谿橋勞望眼，烟波日暮動離愁。

莊上閒居[1]

苦柏叢篁與屋齊，野雲常宿藥欄西。鷗情久定看春鴈，鶴夢初驚怪午雞。葉溜每令山犬吠[2]，月明常賺夜烏蹄。隔橋景物應如待，日引幽人過鹿谿。

校記：

［1］《山左明詩鈔》未收録此詩。《列朝詩集》《皇明詩统》和《御选宋金元明四朝詩》均收録此詩。

［2］溜：《御选宋金元明四朝詩》作"墮"。

登岱二首[1]
其　一

平生湖海原空闊，覽勝今登第一山。夾道濃薰楓葉赤，垂巖倒染菊花斑。九州禹貢微茫外，千里堯封指顧間。星斗瞻依真咫尺，夜深環珮響珊珊。

其　二

西風吹送登山屐，餂携攀躋興轉濃。瓜葛周親丈人石，浮沉秦爵大夫松。幽泉細迸中天月，虛谷遥傳上界鍾。沐雨盤雲翠如削，秋來天地老芙蓉。

校記：

［1］《山左明詩鈔》未收録此詩。《岱史》卷十七收録此詩。

濟南穀丈卜居泉上[1]

海內詩名岱嶽齊，卜居新旁浣花溪。漁槎偶爾鷗盟近，棋局蕭然鶴夢迷。白虎泉幽和月聽，青牛關回報月棲。相如莫謾逢楊意，恐惹蒲輪灤水西。

校記：

[1]《山左明詩鈔》未收錄此詩。《續修歷城縣志》收錄此詩。

三月晦日病中戲成[1]

怕病偏生病，傷春更送春。燕鶯休告訴，我亦有情人。

校記：

[1]《山左明詩鈔》未收錄此詩。《列朝詩集》收錄此詩。

臺下新水二首[1]

其　一

柳畔采菱花，竹陰籍茵草。蘅杜日相思，同心在遠道。

其　二

雨添蘋蓼水，風動薜蘿衣。何處蓮花好，紅粧向晚歸。

校記：

[1]《山左明詩鈔》未收錄此詩。《皇明詩統》收錄此詩。

南莊即事[1]

牛巷平連芳草，雉塒斜通菜花。萬樹鳥啼紅雨，一壺人醉丹霞。

校記：

[1]《山左明詩鈔》未收錄此詩。《皇明詩統》收錄此詩。

清明日偶題[1]

梨花寂寂燕飄零，藥檻蘭畦嫩葉生。處處兒童吹柳笛，扶持春事到清明。

校記：

［1］《皇明詩統》《列朝詩集》《御選宋金元明四朝詩》均收錄此詩。題作"清明日偶述"。

背面美人二首[1]

其　一

抱得琵琶下玉除，湖山背立溜犀梳。傍人欲見春風面，但道蕭郎有寄書。

其　二

釵嚲烏雲鬢欲蓬，回身環珮響丁東。背人不是無情思，自古紅顏畏畫工。

校記：

［1］《山左明詩鈔》未收錄此詩。《列朝詩集》《皇明詩統》《御選宋金元明四朝詩》均收錄此詩。《皇明詩統》並附評語："二結句用意好。"《明詩紀事》收錄"其一"。

爲李户部序使金陵稿

建康隩襄，鍾阜名都。盤踞稱乎龍虎，洲磯交乎燕鷺。江流環帶，峰巒拱峙崛起。聖人齊駕幽燕，宗廟美夫琮璜，百官沓乎纓珥。溝瀆湖海既多，沃溉岡陵墳衍，實繁生殖，雄九服之賦貢，流五方之貨財。絃誦揖遜，則遠過永嘉；論議風流，則矜高王謝。信水陸之上游，荆吴之門户也。

嘉靖癸丑春，我户部北山李君乘使者之征車，奉絲綸之寵命，雨宿蘆溝，風懷易水。北望盧龍，邊月杳乎淒微，西經涿鹿，陣雲沉於曠野。滄瀛沿渺，滹沱寒澌。經九曲，瞰二室，臨淮水而慷慨，觀濠梁而於邑。神禹不作，莊周夢想，乃放乎琅琊，止乎豐樂。思從醉翁遊而不可得也。掛席渡江，頗饒擊楫之懷；端笏謁陵，實抱攀龍之想。部臺省寺，絡繹豪賢，水涘山巔，聯翩珠玉。維時春莫，和風紀辰，黄鳥喚侣，緑陰邀客。李君登高能賦，允稱大夫之才；對酒成篇，況是謫仙之裔。東園倒屣，南都傾蓋，遂返駕維揚，搴帷徐沛。便過家山，息征梓里。傷離吊古，投分憫時。短什長歌，雜言近體，通得四十四首。澹也，丘園偃仰，蓬巷徘徊，往辱詩盟，舊稱會友，得取而讀之。義兼采風，情篤愛國，咨詢不廢於輶軒，羨刺備陳於鉛槧。或太行争雄，或長江北潤，鳳臺爲之增高，石城爲之失色。煦然陽春，冷然漱玉，六朝材幹得於目前，兩京風俗列於几上，渢渢洋洋，難具述矣。興廢於巡守，官缺於采詩，不有部使如北山者，孰知天朝之鴻造，名區之駿發哉？編緝成録，謬以序文見委。

　　竊謂摘詞灑翰者，才也；而伸吟於擁被、搜羅於閉關，君子謂之錘塞。攬勝挹秀者，景也；而揚翎於僻壤、建牙於下里，君子謂之拘隘。樹勳策業者，時也；而奔走於風塵、泥淖於逆旅，君子謂之炳鑿。李君負卓敏之才，分省署之銜，遊帝王之都，當熙明之時。内無乏思，外無遺物，上陳下述，旁搜遠紹。視張衡之四，愁梁鴻之五，噫！杜陵間關於劍閣，馬周困屈於新豐，不大相霄壤哉！敬付梓人，以俟大雅。他日太師陳詩，亦將披閲賞音云爾。

蘇濬

　　蘇濬,生卒年不詳。字子長,號杏石,濮州(今河南範縣)人。蘇祐之子,蘇濂之季弟。官王府審理,河南布政司都事。明謝榛撰《四溟山人全集》卷末《謝山人全集跋》載:"濬故習山人。山人同東郡也,以鄴下故建安才子之地,遂樂而僑居焉。先康主固大雅,館穀山人甚殷,不啻鄴下之曹、劉云。嘉靖庚戌,臨漳李給諫東岡公愛山人才而促入長安,復寓書於先大司馬,而山人譽聞勃勃乎縉紳口吻矣。若濬鄉李于鱗、李伯承、吳下王元美諸名公,悉爲結社,先大司馬時過之。執中原牛耳,迭唱互吟,翩翩壯也。"明謝榛《謝榛全集箋校》:"官趙府審理。"清高士英修《濮州志》(宣統元年刻本)卷四:"蘇叔子濬,繪圖及諸名人題詠至今猶存。本朝康熙間崇祀鄉賢。"

　　生平事蹟見明謝榛《四溟山人全集》卷末《謝山人全集跋》,清高士英修《濮州志》(宣統元年刻本)卷四。

　　著有《元夕倡和集》《榮差倡和集》《蘇叔子集》《遊梁詩草》,《千頃堂書目》卷二十四著録,今未見。中國古籍善本書目載其著有《清華軒集》六卷,今存明萬曆刻本,藏於國家圖書館,收入178首詩。

　　明查志隆輯《岱史》卷十七收録蘇濬詩《瞻岱二首》。清宋弼《山左明詩鈔》卷二十收其《春日登昆吾臺奉懷伯兄白下》《送宋二山之霸州兵憲》詩二首。清張豫章奉敕編《御選宋金元明四朝詩》、清朱彝尊編《明詩綜》卷五十一收其《寫蘭寄王湘雲》詩一首。明李騰鵬輯《皇明詩統》(萬曆刻本)卷二十五録其《人日飲北翁宅》《春日登昆吾臺奉懷鴻石伯兄時宦白下》《季夏晦日同宋山人飲北城園得秋字》《寫蘭寄王湘雲美人》《戲達李尚寶》《閨意》詩六首。明謝榛《四溟山人全集》收錄《謝山人全集跋》文一篇。

此次點校詩以明李騰鵬輯《皇明詩統》爲底本，以明查志隆輯《岱史》、清朱彝尊編《明詩綜》、清張豫章奉敕編《御選宋金元明四朝詩》、清宋弼《山左明詩鈔》爲校本，詩共計9首；文《謝山人全集跋》以明謝榛《四溟山人全集》重修本爲底本，文共計1篇。

瞻岱二首[1]

拄杖來天上，下看雲氣浮。乘風謁泰岱，觀日渺滄洲。採藥迷仙路，尋經斷水流。夕曛桂林杪，逸興不堪留。

來拾金光草，旋登王女池。逢僧談古跡，穿徑探幽奇。斷碣摳秦字，摩崖讀漢詩。憑軒以一望，雙觀鬱參差。

校記：

[1]《皇明詩統》未收錄此詩。《岱史》卷十七收錄此詩。

人日飲北翁宅

對雪逢人日，梅花照酒巵。李邕開宴處，季子抱薪時。海內誰高臥，山中我守雌。莫言春尚淺，柳色半含絲。

季夏晦日同宋山人飲北城園得秋字

返照掛城頭，山翁卜築幽。人從花底散，泉向竹邊流。暝色侵蘿幌，霞光泛酒甌。相逢不盡醉，明日屬新秋。

春日登昆吾臺奉懷鴻石伯兄時宦白下[1]

春暮高臺上，斜陽坐自凭。有懷待明月，無夢到金陵。江水濃於酒,官衙冷似冰。池塘芳草遍,吟賞憶同登。

校記:

[1]《山左明詩鈔》録此詩,題作"春日登昆吾臺奉懷伯兄白下"。

送宋二山之霸州兵憲[1]

建牙推轂重才名,六月霜威向北平。防虜不須高築塞,使君此去是長城。

校記:

[1]《皇明詩統》未收録此詩。《山左明詩鈔》收録此詩。

寫蘭寄王湘雲美人[1]

幽蘭兩三花,寫在齊紈扇。寄語女校書,秋來心莫變。

校記:

[1]《御選宋金元明四朝詩》《明詩綜》收録此詩,題爲"寫蘭寄王湘雲"。

戲達李尚寶

美人昨夜到山家,雪裹圍爐春酒賒。詞客不來雲雨散,餘香撒在臘梅花。

閨意

曉夢醒迴酒氣香,美人對鏡試新粧。床頭只恐相如渴,纖手親調茉莉湯。

謝山人全集跋

惟我趙國睿主,雅重謝山人詩。命潢,潢時承乏,偕陳右史養才、鄉進士張季彥等,撿其全稿,重加輯校,日給廩餼筆劄。自乙未季夏,歷丙申仲夏，殺青事竣，復命潢言於末簡。

噫嘻！潢故習山人。山人同東郡也，以鄴下故建安才子之地，遂樂而僑居焉。先康主固大雅，館穀山人甚殷，不啻鄴下之曹、劉云。嘉靖庚戌，臨漳李給諫東岡公，愛山人才而促入長安，復寓書於先大司馬，而山人譽聞勃勃乎縉紳口吻矣。若潢鄉李于鱗、李伯承、吳下王元美諸名公，悉爲結社，先大司馬時過之。執中原牛耳，迭唱互吟，翩翩壯也。潢昆季以鄉土意氣，尤多親洽。比潢就祿趙藩，則山人舊遊地也。燕市社誼悉化爲烏有矣，即先大司馬辱先康主文字之雅，今且俱成陳跡，每每令人扼腕長歎。嘗對人譚燕市事，以爲山人化且久，無可問焉。今蒙睿主命，得閱山人諸什，低徊矚目：讀五七言古，兀突峚崒，昔年之豪宕如見也；讀五七言律，清澹瀟疏，昔年之夷曠如見也；讀五七言絕句，銛利曉暢，昔年之捷敏如見也。嗟哉！山人化矣。昔之交也以詩，今讀其詩，復神交其人，詎謂幽明隔耶？審是，昔年燕市社中事，闊隔邈渺，直一大昕夕視之，而又奚用是扼腕長歎爲哉？乃若山人之文行，則有先康主與今睿主之藻翰，暨張方岳、邢觀察之二序，與王明府伯固傳，播揚殆盡，何俟潢言？長史司右長史東郡蘇潢。

蘇　　本

　　蘇本,濮州人,蘇祐孫,蘇潢子,清宋弼《山左明詩鈔》記載:"本,潢子,官生,官前府經歷。"清錢謙益《列朝詩集小傳·丁集上》記載:"潢子某,亦能詩。"

　　生平事蹟見清宋弼《山左明詩鈔》卷三十,清錢謙益《列朝詩集小傳·丁集上》。

　　散存《秋日同友飲大明湖讀少陵詩》《胡參軍招飲楚雲樓賦謝》《早春社集草堂得星字》詩 3 首,見於清宋弼《山左明詩鈔》卷三十。

　　此次點校詩以清宋弼《山左明詩鈔》卷三十爲底本,詩共計 3 首。

秋日同友飲大明湖讀少陵詩

　　尊酒故人同,邀遊灤水東。筵張荷芰上,亭隱薜蘿中。山色晴含雨,湖光澹寫空。少陵千載後,歷下有遺風。

胡參軍招飲楚雲樓賦謝

　　雨霽論文倒玉甌,月明如水碧天流。千家砧杵敲清夜,萬里山河寫素秋。爲客誰憐王粲賦,逢君應解杜陵愁。岳陽黃鶴空塵跡,今古鄉心一倚樓。

早春社集草堂得星字

　　小院春遲冷石屏，閒邀詞客坐談經。江湖有分同詩社，蓬蓽今看聚德星。一夕酒傾千日醉，四更月吐數峰青。此時更欲聲相和，漫草移文共勒銘。

蘇　光　泰

蘇光泰，生卒年不詳，字交宇，號來卿。山東東昌府濮州（今河南範縣）人，明朝兵部尚書蘇祐曾孫，家學淵源，喜吟詠適情。《濮州志》稱他"爲人性剛直，寡交遊，有不當意者輒引避去之。然好施予人，或以急厄求救，立周濟之，無吝色"。萬曆十六年（1588）舉人，十七年進士第三甲第二十一名。初任山西平陽府推官，歷官河南汝寧府知府，天啓間累官至河南布政司左參議、湖廣按察副使、河南右布政使。蘇光泰雖位居高位，但依然不改正直敢言、無懼權貴之本色，終"以亢直忤執政，遂落職"。

生平事蹟見清《濮州志》（宣統元年刻本）卷四《鄉賢》；清顧汧清李輝祖修清張沐等纂（康熙）《河南通志》卷三十一；《山東通志》（文淵閣《四庫全書》本）卷十五之一；清李周望輯《國朝曆科題名碑録初集·明萬曆十七年進士題名碑録己丑科》。

現存萬曆二十八年刊詩集《適適草》四卷，收詩不分體，凡三百五十餘首，有楊于庭、朱璉、程邊、何大謙、彭而珩序，張汝霖跋，現藏於臺北故宮博物院。

散存《謁殷太師廟》2首，見於河南省衛輝市比干廟廊西墻。文《司馬橋記》1篇，見於山東省鄆城縣什集鎮北王召村北蘇氏祖廟東側。

此次點校詩以河南省衛輝市比干廟廊西墻碑刻爲底本，詩共計2首；文以山東省鄆城縣什集鎮北王召村北蘇氏祖廟東側碑刻爲底本，文共計1篇。

謁殷太師廟

七竅忠心萬古香，空餘廟貌祀蒸嘗。當時留得先生在，牧野應當少戰場。

孤忠誰似太師真，尼父亟稱殷有仁。千載英靈應不朽，每瞻淇水一傷神。

司馬橋記

濮之南有集名北王趙，蓋古清丘之司也。河橫其中，源接舜漁，西連莊渚，東經堯墓，張湫運道傳爲涇河之派。云舊有橋，以木爲之，每遇秋水泛漲，往來者不便，年久輒廢。是橋也，固南北之通衢，實是集之腰脊，要害如身然。吾先大人父尚書公別號舜澤，實惟托跡於此。明興二百年來，居此集者多以富厚稱。自尚書公掘起，拜樞密，始移居於城。族人益後振發。尚書公歿，橋遂廢而不舉，吾族漸以蕭條，車馬臺榭頓異昔時。子丑歲，余托祖宗之靈，勉繼尚書之志，宦遊幾二十年，此橋亦頗有修墜。歲之辛丑，有族兄光耀及焊等，突起善念，自庀酒儲謀於芳鄰張宅、李盈共成之，易木以石，三虛其中，而欄杆、華表雕刻壯麗，視昔百倍，可垂不朽。經之營之，良以苦心矣。有侄名述者，午未聯第，適符其時。夫吾家自己酉科至今，名士輩出，阿述久當魁，出省及其登第與橋成之期合，倘若稱風水者，然耶否耶？縣此橋之不朽，如人腰脊壯而精神健，將見富貴者，興綿綿不已。商賈驛使猶來，無滯之功大哉！昔司馬相如奮題橋之志，而競乘駟車，吾族黨履此橋而奮此志也，則策勵前修，科不乏人，益莫大焉。修是橋者，與有榮施況尚書公開荒及第，直至大司馬皆此志耳，吾黨得無意乎？故因族人之請，而名曰司馬橋。凡我宗盟，其顧名思義，共彰祖德，則厚幸矣。夫是橋也，通商旅，連冠蓋，乃天下之達道，橋或可

　　　　　蘇　光　泰

稱博濟，第商旅冠蓋視此爲過隙，而其關於吾黨者爲尤切。故它不具論，而論橋之橋，爲吾黨最。有如此者，因繫以銘。銘曰：

　　王趙之區，清丘之地，渠沖其中，龍行其勢。橋圮力淺，士民罔利。四善作虔，思爲永濟。石梁甫構，爰有科第。居者獲寧，行者弗滯。帝者遐昌，鴻功茂績。司馬名橋，因垂萬代。

吳惟英

吳惟英(？—1643)，吳繼爵孫，吳汝胤次子，字國華。先世把都帖木爾，歸明，賜姓名吳允誠，以功封恭順伯。崇禎十六年(1643)卒。允誠子克忠，進侯爵。惟英襲恭順侯爵，總督京營軍政。崇禎中留心圖史，與諸朝士極文酒譙游之樂。家有墨響齋，著有《墨響齋集》。崇禎中，死於都中大疫。

生平事蹟見明陳田輯撰《明詩紀事・辛籤》卷二十六。

散存詩見於明劉侗《帝京景物略》，收錄《蓮花庵》《冬日北湖冰船》《社集定國公園》《九日社集成國公園》《九日集宜園》《再集宜園》《冬日萬仲晦曲水園看菊》《遊李武清新園泛舟》《過隆安寺》《報國寺松》《白石莊看牡丹》《卧佛寺》《圓通寺》《西湖長堤》《阻雨功德寺》《戒壇》《潭柘寺》詩17首，明陳田輯撰《明詩紀事・辛籤》卷二十六收錄《集宜園》《遊李武清新園泛舟》詩2首；清張豫章奉敕編《御選宋金元明四朝詩》卷六十五錄其《西湖長隄》《蓮花庵》詩2首。

此次點校詩以明劉侗《帝京景物略》爲底本，以明陳田輯撰《明詩紀事・辛籤》卷二十六、清張豫章奉敕編《御選宋金元明四朝詩》卷六十五爲校本。

蓮 花 庵[1]

去年香裏客[2]，今復到荷堤。淺水兼天闊，新蒲與岸齊。鐘傳高閣遠，柳覆小橋低。指點村煙起，歸心促馬蹄。

校記：

[1]《御選宋金元明四朝詩》亦收錄此詩。

[2] 香裹客：《御選宋金元明四朝詩》作"花外客"。

社集定國公園

城西喧未去，輒得此園林。柳碧午亭暗，荷香暑坐深。鶯堤通比岸，雉堞隔高岑。荒落澄湖曲，塵飛了不侵。

九日社集成國公園

社於秋社日，風雅集王畿。高屐隨黃菊，枯吟望白衣。庭空木葉下，岫遠薄雲歸。爲恐茱萸笑，龍山願不違。

九日集宜園

不須登戲馬，池館足徜徉。知否明年健，過從九日觴。風遺竹徑響，雨着菊籬香。閣晚移燈看，毋歸漏未長。

再集宜園[1]

客約鄒枚侶，名園許共攀。早花須着眼，春酒更開顏。鳥語藏深樹，雲光斷遠山[2]。分題期刻燭，有句倩誰删。

校記：

[1]《明詩紀事》亦收錄此詩，題作"集宜園"。

[2] 雲光：《明詩紀事》作"雲痕"。

過隆安寺

城陰連梵宇，鐘磬自相聞。僧懶茶煙共，客頻鄉語分。昨星存曉樹，遺塔過春雲。略說閒閒是，乘曛又市氛。

白石莊看牡丹

尊酒邀清賞,名園迥不群。雨枝苔上綠,风朵錦迥文。入幕香初駭,移燈影乍紛。留春堅客住,竹絲説殷勤。

圓 通 寺

木杪懸金刹,沙窮有徑通。雲峰呈野態,霜樹斂山容。拂檻秋聲急,浮尊夜色濃。倦來欹枕處,夢寐雜殘鐘。

西 湖 長 堤[1]

斜日長堤迥,村煙接帝京。路從溪外轉,人在樹中行。野草石橋短,沙鷗春水輕。回看遊賞地,晴爽萬山明[2]。

校記:

[1]《御選宋金元明四朝詩》亦收錄此詩。

[2] 晴爽:《御選宋金元明四朝詩》作"晴色"。

阻雨功德寺

青郊莽無際,山遠爲輕烟。雲氣如奔馬,雨脚低垂天。初來漠林樾,衆峰一以妍。沙清石色色,滑滑驢莫前。南阡有荒刹,沙路入山肩。雲薄日欲開,逕此聽新泉。

戒 壇

遊蹤循仄徑,登覽興悠然。碧漢擎杯外,黄河倚杖前。花光迷野澗,鳥語破村煙。最是僧寮静,連宵足穩眠。

潭 柘 寺

蘭若藏山腹,門中當遠峰。人閑堪僻徑,僧老渾高蹤。古柘棲馴

吴　惟　英

鴿，寒潭隱蟄龍。更從何處去，前路野雲封。

冬日北湖冰船

寒凝湖面鏡平開，小艇猶拖古樹隈。不是路從銀漢轉，也疑人自玉壺來。鏗鏗一葉能多載，滑滑雙橈亦屢催。無事戰兢愁履薄，酒深月上放船回。

冬日萬仲晦曲水園看菊

年來花事約全乖，看菊何期今暫偕。曲水一方臨瘦影，秋容強半擁閒階。客能冒雨憐如昨，色即經霜尚自佳。怪底有松還化石，肯將土木委形骸。

遊李武清新園泛舟[1]

海淀微嫌道路長，背城特地又新莊。登舟我欲偕元禮，選石君宜學贊皇。環榭依臺渾是水，繞花沿柳半爲廊。莫愁酒盡雙楊下[2]，村店青簾帶夕陽。

校記：

[1]《明詩紀事》亦收錄此詩。
[2] 雙楊下：《明詩紀事》作"雙瓶倒"。

報　國　寺　松

生平愛敬松，見松亦無數。報國寺兩株，不同凡松樹。大谷天臺伯仲間，霜皮剝蝕凝苔斑。歲歲春雲堆不起，夜夜鐘聲送不還。各橫數丈去數武，枝下到影自摩撫。森森已覺失朝昏，謖謖猶疑動風雨。雨相浣濯風相呼，朝昏既久年代無。昔時韋偃豈未見，迺不繪此雙松圖。

卧 佛 寺

　　山門雲破塔高懸,碎路行來久不前。佛卧似經千劫老,客遊曾記十年前。柿光點點分紅日,竹韻芒芒合翠煙。西麓試探泉盡處,坐聽石隙瀉涓涓。

蘇　　壯

蘇壯,字洹水,號陽長,又號泹水。曾祖潢,趙府四品長史。祖本,經歷。明崇禎丁卯(1627)舉人,崇禎四年(1631)進士第三甲第一百九十九名。初授内黄縣知縣,改浚縣知縣。丁丑,行取。戊寅,黔州府同知。己卯,官至開封府知府。歷陞至蘇松巡撫、南京刑部尚書。所著有《迎旭詩草》《蘇臺志容與齋文集》,已散佚。(乾隆)《内黄縣志》記載著有《黄池勸藝集》《黄池公餘集》,已散佚。

生平事蹟見清盛子鄴《類姓登科考》七虞,清李周望輯《國朝曆科題名碑録初集・明崇禎四年進士題名碑録辛未科》,明李先芳纂修,清張實門續纂修《濮州志》卷四,清李聿求輯《魯之春秋》卷七,清李湞修,清黄之征等纂《内黄縣志》卷十。

散存詩3首《過湯陰謁岳廟》《過朱仙鎮謁岳廟》《繕庠四章章八句》,文1篇《修城紀事》。《過湯陰謁岳廟》《過朱仙鎮謁岳廟》見於河南省湯陰縣碑刻。清李湞修,清黄之征等纂《内黄縣志》卷十七收録詩1首《繕庠四章章八句》,文1篇《修城紀事》。

此次點校詩以清李湞修,清黄之征纂《内黄縣志》(乾隆四年刻本)爲底本,詩共計3首;文以清李湞修,清黄之征纂《内黄縣志》(乾隆四年刻本)爲底本,文共計1篇。

過朱仙鎮謁岳廟[1]

一戰吞胡氈帳空,驕胡不復戀天中。汴州將見宋天子,杭郡争看秦相公。子儀西來竟得意，孔明北出未成功。殿祠俎豆英靈爽，穎水夷山萬古雄。

校記：

[1]（乾隆）《内黄縣志》未收錄此詩，見於河南省湯陰縣碑刻。

過湯陰謁岳廟[1]

十月北風吹導旌，岳王祠廟斷雲橫。湯流莫洗千秋恨，天行長高萬古聲。既有豹韜垂宇宙，無同麟閣畫功名。拜君不數傷心事，只想捷音達王京。

校記：

[1]（乾隆）《内黄縣志》未收錄此詩，見於河南省湯陰縣碑刻。

繕庠四章章八句

癸酉季秋，吉日惟已。乃戒鳩椽，取材衛水。肇修於庠，易其積圯。載經載營，效力貢披。

二人既集，青衿茇門。考量厥規，曰室曰垣。備物補缺，質諸人言。詎號大建，求復其元。

黄人之宰，罔敢或弛。黄人之師，二三君子。黄人之秀，濟濟多士。户庭載新，出入是履。

雍雍在泮，乃興乃聚。駿奔對越，其儀簋簠。麟舉鳳翔，其華黻黼。戢戈敷文，勉力兹土。

修城紀事

崇禎壬申之春[1]，余以辛未釋褐銓敘，來令繁陽令戡。凡邑中或廢或興，惟乃攸知；其有不周，惟乃攸理。宅兹繁陽，厥土惟僻，厥田匪腴，厥土民多樸，郡所統邑，雖居又次，亦罔有偷。敝鄉君子前揖鳩掾，捧上檄以告巨且急。惟有城池之不足恃，環視之，其宜繕也復何言？雖然，繕之資有錢穀，有簿計，有木石之屬；繕之人有董視，有服勞，有懲，有勸；繕之事有樓，有堞，有池，並據守有具。復有郭城、錢穀不給，取辦不時，簿計不詳，價值不平，木石不備，待用而愆期。故董視欲其公也，服勞欲其勤也，懲欲其畏，勸欲其樂也，樓堞欲其堅也，城池欲其深也，守具欲其實而可用也。詳核物力，勿冒物於濫費；鼓舞民力，勿疲民於驅役。濫費非父，驅役非母，惟令之愆，不繕滋恐，繕則轉懼。是役也，富者助資，貴者倍之，與額賦所貯無預，貧者輸力恐後，稍稍勞來，沾沾色喜。董之者爲丞，爲尉，及選委諸人，咸克襄之，令可釋懼矣。城樓八座，南門重建，角樓四座，堡樓一十有九，堞口一千二百有四。池四面及泉，護門有牆，流水有道，守具粗備。郭城一圍，郭門有四，興於春，成於夏。夫如是，民或無恐。乃歌曰：黄池之城，其大如斗。薄言修之，與衆斯守。博望之岡，籍鳳回翔。白沙郁郁，衛水洋洋。

校記：

[1] 崇禎：《内黄縣志》作"崇貞"。